컴퓨터 없이 배우는
절차적 사고와 문제 해결력

언플러그드 놀이
교과 보드게임

컴퓨터 없이 배우는
절차적 사고와 문제 해결력

언플러그드 놀이 교과 보드게임

초판 1판 1쇄 발행 : 2020년 4월 20일

발행인 : 김길수
발행처 : ㈜영진닷컴
등 록 : 2007. 4. 27. 제16-4189호
이메일 : support@youngjin.com
주 소 : (우)08505 서울특별시 금천구 가산디지털2로 123 월드메르디앙벤처센터2차 10층 1016호 ㈜영진닷컴

ISBN   978-89-314-6191-6

독자님의 의견을 받습니다.
이 책을 구입한 독자님은 영진닷컴의 가장 중요한 비평가이자 조언가입니다. 저희 책의 장점과 문제점이 무엇인지,
어떤 책이 출판되기를 바라는지, 책을 더욱 알차게 꾸밀 수 있는 아이디어가 있으면 팩스나 이메일, 또는 우편으로
연락주시기 바랍니다. 의견을 주실 때에는 책 제목 및 독자님의 성함과 연락처(전화번호나 이메일)를 꼭 남겨 주시기
바랍니다. 독자님의 의견에 대해 바로 답변을 드리고, 또 독자님의 의견을 다음 책에 충분히 반영하도록 늘 노력
하겠습니다.

파본이나 잘못된 도서는 구입하신 곳에서 교환해 드립니다.

STAFF
저자 홍지연, 홍장우 | **총괄** 김태경 | **기획** 정소현 | **디자인·편집** 김소연
영업 박준용, 임용수, 김도현 | **마케팅** 이승희, 김근주, 조민영, 김예진, 이은정 | **제작** 황장협 | **인쇄** 제이엠

언플러그드 놀이 교과 보드게임

홍지연, 홍장우 공저

YoungJin.com Y.
영진닷컴

머리말

2014년에 처음 소프트웨어 교육을 준비할 때만 해도 무엇을 어떻게 가르쳐야 할지 참 막막했던 것 같습니다. 많은 고민과 시행착오 끝에 〈언플러그드 놀이〉 책이 처음 2016년에 완성되어 소개되었고, 이후 많은 분들의 사랑으로 〈언플러그드 놀이〉가 시리즈가 되면서 2권과 3권까지 발간이 되었습니다. 특히 3권은 언플러그드 활동 시 간편하게 활용할 수 있는 코딩 보드게임과 교과 연계형 언플러그드 놀이를 중심으로 정리하였고, 학교 현장에서 그리고 가정에서 아이들이 즐겁게 놀면서 공부한다는 말씀을 많이 들을 수 있었습니다.

이에 〈언플러그드 놀이 교과 보드게임〉의 파트 1에서는 '독도 수비대', '피노키오'와 같이 학교 교육 과정과 연계하여 활용하기 좋은 5종의 교과 보드게임을 엄선하여 소개하고 있습니다. 이 교과 보드게임이 없는 경우에 대비하여 직접 만들어서 보드게임을 할 수 있도록 부록과 PDF 파일도 별도로 제공합니다. 파트 2에서는 보드게임을 구입하지 않아도 책만 있으면 바로 활용할 수 있는 교과 보드판을 제공하여 각 교과에서 배워야 할 핵심 개념과 원리, 교과 역량을 키울 수 있도록 하고 있습니다.

교과 교육에 있어 다양한 놀이 교육의 효과성과 만족도는 이미 많은 학교 현장에서 선생님들과 학생들을 통해 입증되었습니다. 특히 잘 만들진 교과 보드게임은 해당 교과에 대한 흥미와 관심을 높일 수 있을 뿐 아니라 학생들의 의사소통 능력과 사회성을 키우고 문제 해결력 향상에도 큰 도움이 됩니다. 그럼에도 불구하고 다양한 교과 보드게임의 부재는 여전히 해결해야 할 과제로 남아있습니다. 이에 이 책에서도 소개된 다양한 교과 보드게임을 활용한 언플러그드 놀이 활동이 하나의 대안이 될 수 있을거라 생각합니다.

특히 파트 2에서 소개되는 교과 보드판 활용 언플러그드 놀이는 부록에 있는 보드판을 활용해 가족과 함께 또는 친구와 함께 즐겁게 즐기며 학습할 수 있습니다. 또한 간단한 보드게임의 경우 직접 만들어 놀이 활동을 해볼 수 있도록 안내하고 있어 우리 아이들에게 미래의 보드게임 개발자가 되어보는 기회도 제공하고 있습니다.

"나는 평생 하루도 일을 하지 않았다. 그것은 모두 재미있는 놀이였다."고 말한 토마스 A.에디슨의 말처럼 우리 아이들에게 학습이 지루하고 하기 싫은 일이 아니라 재미있는 놀이였으면 좋겠습니다. 교과 보드게임과 함께 생각도 몸도 건강하고 행복하게 자라길 기대합니다.

저자 홍지연, 홍장우

홍지연

초등학교 교사 / 한국교원대학교 대학원 초등 컴퓨터 교육 박사수료

저서
- 언플러그드 놀이 1~3 영진닷컴
- 학교 수업이 즐거워지는 엔트리 코딩 영진닷컴
- WHY? 코딩 워크북 예림당
- 코딩과학동화 시리즈 〈팜〉 길벗
- 소프트웨어 수업백과 상상박물관
- HELLO! EBS 소프트웨어 EBS 외 다수

홍장우

초등컴퓨팅교사협회 학생교육 강사 / 한국기술교육대학교 졸업

경력
- SKT 신나는 코딩스쿨 운영진 및 강사
- ATC 메이커 스페이스 학생 교육 강사
- 다수 초등학교 코딩 교육 강사

저서
- 루프씨의 빙글뱅글 시계 교원 출판사
- 비밀 친구의 깜짝 선물 교원 출판사

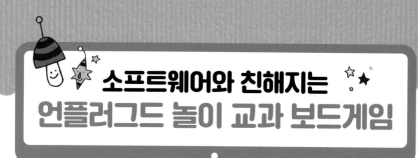

소프트웨어와 친해지는
언플러그드 놀이 교과 보드게임

보드게임이 사고력 향상에 도움이 된다고요?!

보드게임은 즐거움이라는 속성과 게임이라는 구조적인 특성에 놀이가 지니는 자율성이 합해져 현대 사회를 구성하는 중요한 문화 콘텐츠라고 할 수 있습니다. 여기에 어린아이들뿐 아니라 성인, 노인 등 전 연령에 걸쳐 바쁜 일상생활 속에서도 생활의 재충전을 위한 하나의 여가 문화로서 보드게임은 핵심적인 역할을 하고 있습니다. 아이들은 즐겁게 보드게임을 하는 과정 중에 상대방을 이기기 위한 전략을 끊임없이 생각합니다. 이 과정은 아이들이 그 상황에 대한 굉장한 집중력을 필요로 할 뿐 아니라 전략적 사고, 문제 해결 능력, 자기조절 능력 등 미래 사회에 갖춰야 할 핵심 역량과 관련된 사고력을 촉진시킵니다.

미래 사회에서는 문제 해결력이 필요해요!

문제가 있다는 것은 있어야 할 모습 또는 바람직한 상태 즉, 목표의 실제 모습과 현실 사이에 엇갈림이 존재한다는 것을 의미합니다. 현재의 상태와 목표 상태가 일치한다면 문제는 존재하지 않는 것이죠. 하지만 우리가 살아가는 세상의 현실은 문제의 연속이라고 해도 과언이 아닙니다. 아침에 일어나 식사를 무엇으로 할지 결정하고, 실행에 옮기는 것, 학교에 가기 위해 걸어갈지, 자전거를 탈지 등을 결정하는 모든 순간이 문제 해결의 상황에 놓이는 것이라 볼 수 있지요. 예를 들어 늦잠을 잔 상황에서는 어떻게 해야 할까요? 평소라면 여유롭게 걸어서 갔겠지만 늦잠을 잔 상황에서는 자전거를 타고 가는 방법을 선택해야 지각을 하지 않을 수 있습니다. 그런데 다가오는 미래 사회는 지금보다 더 복잡하고, 그동안 해결해본 적이 없는 다양한 문제들이 발생할 수 있습니다. 따라서 이런 사회를 살아갈 우리 학생들에게 문제 해결력은 잘 살아가기 위해 꼭 필요한 핵심 역량이라고 할 수 있습니다.

교과용 보드게임으로 문제 해결력을 키워요!

문제 해결력을 키우기 위해서는 우리 아이들이 어릴 때부터 문제 상황을 인식하고 서툴더라도 이를 스스로 해결해보는 경험이 필요합니다. 어떤 문제를 해결하기 위한 방법이나 절차를 미리 생각해보고, 하나씩 적용해가는 가운데 더 효율적인 방법은 없는지 살펴보고, 실패했을 때 그 원인을 찾고 끝까지 문제를 해결하기 위한 노력이 중요합니다. 하지만 실생활 속에서 이런 경험을 하기란 생각보다 쉽지 않습니다. 따라서 다양한 상황 속에서 해결 전략을 찾아보고 적용해볼 수 있는 교육용 교과 보드게임을 활용한 교육을 시작해보는 것도 좋습니다. 시중에 판매되고 있는 다양한 교과 보드게임 중에는 국어, 수학, 사회, 과학 등 다양한 교과에 필요한 역량을 키울 수 있는 것에서부터 문제를 해결할 때 필요한 전략을 세우고, 이를 적용하는 가운데 의사소통 능력, 협력적 문제 해결력 등을 함께 키울 수 있는 보드게임도 있습니다. 이 중에서 적절한 보드게임을 선택해 아이들과 신나게 놀다 보면 어느새 자연스럽게 사고력은 키워지고, 배워야 할 개념이나 원리를 학습할 수 있게 됩니다.

이것만은 주의해주세요!

어릴 때부터 어떤 환경에 노출되어 자라왔는지는 한 아이의 성장에 많은 영향을 미칩니다. 미래 사회에 꼭 필요한 역량으로 문제 해결력을 키우려면 어릴 때부터 이런 환경에 자연스럽게 노출되는 것이 좋습니다. 예를 들어 가족이 둘러앉아 마피아 게임 같은 간단한 놀이를 하는 것에서부터 가족 여행을 계획할 때 자녀와 함께 머리를 맞대고 어디서 잘지, 무엇을 먹을지, 어떤 코스로 움직일지 등을 결정해보는 것도 좋습니다. 이런 노력이 일상적으로 이루어지기 어렵다면 교과 보드게임 같은 언플러그드 놀이 교구가 좋은 자료가 될 수 있습니다. 적은 비용으로 반복적인 놀이를 통해 문제 해결력 향상은 물론 온 가족의 친목을 도모할 수 있기 때문입니다. 우리 아이들이 어릴 때부터 즐겁게 놀면서 배울 수 있는 유의미한 교육 환경을 만들어 주세요.

다양한 교과용 보드게임 정보

❶ 어떤 교과 보드게임을 선택하면 좋을까요?

다양한 교과 보드게임 중 어떤 것을 선택하면 좋을지 몇 가지 기준을 살펴보겠습니다.

(1) 교육 과정 성취기준에 따라 선택해요!

다음은 초등학교 사회, 도덕, 과학 등 교육 과정에 나오는 성취기준의 예시입니다. 이런 성취기준을 달성하는데, 도움을 줄 수 있는 교과 보드게임이면 자연스럽게 놀이 과정 속에서 배워야 할 것을 배울 수 있겠죠?

> [6사08-01] 독도를 지키려는 조상들의 노력을 역사적 자료를 통하여 살펴보고, 독도의 위치 등 지리적 특성에 대한 이해를 바탕으로 하여 영토주권 의식을 기른다.
>
> [6도01-03] 정직의 의미와 정직하게 살아가는 것의 중요성을 탐구하고, 정직과 관련된 갈등 상황에서 정직하게 판단하고 실천하는 방법을 익힌다.
>
> [4과03-01] 여러 가지 동물을 관찰하여 특징에 따라 동물을 분류할 수 있다. 〈탐구 활동〉 비슷한 특징을 가진 동물들끼리 분류하기

독도수비대 보드게임을 통해 전략적 사고력뿐 아니라 독도를 사랑하는 마음을 키워요!

피노키오 보드게임을 통해 의사소통 능력과 판단력을 키울 수 있어요!

플라잉 피그 보드게임을 통해 여러 가지 동물의 특징을 파악할 수 있어요!

(2) 학년의 발달 단계에 따라 선택해요!

초등학생들은 저학년과 고학년의 발달 수준에 상당한 차이가 있습니다. 인지 능력뿐 아니라 소근육 발달, 의사소통 능력 등 전반적인 발달 수준이 다르기 때문에 같은 교과 보드게임이라 하더라도 학생들에게 다른 효과를 가져옵니다. 따라서 학년의 발달 단계를 고려해 보드게임을 선택해보세요.

별별이야기 보드게임으로 저학년 학생들도 즐겁게 배워요!

캐치 마이 필링 보드게임으로 저학년에서 중학년까지 신나게 배워요!

페이퍼링 듀얼 보드게임으로 중학년에서 고학년까지 즐길 수 있어요!

❷ 교과 보드게임, 어디서 구입할 수 있을까요?

이 책에서 소개된 다양한 교과 보드게임 외에도 많은 보드게임이 있습니다. 게임 방법뿐 아니라 어떤 교육적 효과가 있는지 자세히 알고 싶다면 아래 소개된 보드 사이트에 방문하면 됩니다. 선생님이나 부모님이 활용할 수 있는 보드게임 방법 PPT나 매뉴얼도 함께 제공하고 있기 때문에 시간을 내서 꼭 방문해보세요.

다즐에듀

http://www.dazzleedu.com/

페이퍼링 듀얼, 독도수비대, 플라잉 피그 등 교과별, 학년별 발달 단계에 따라 다양한 교과 보드게임이 있어요.

매직빈

http://magicbeangame.com/main/

통, 뽀글이 세계여행, 포테스타, 검정 고무신 동네한바퀴 등 다양한 보드게임이 있어요.

목차

PART 01 절차적 사고와 문제 해결력을 키우는
언플러그드 놀이 교과 보드게임

❶ 독도수비대 **16**
언플러그드 교과 놀이를 시작해요!
사고력 더하기
Special Page 독도를 부탁해!

❷ 피노키오 **22**
언플러그드 교과 놀이를 시작해요!
사고력 더하기

❸ 캐치 마이 필링 **28**
언플러그드 교과 놀이를 시작해요!
사고력 더하기
Special Page 공감과 경청

4 **플라잉 피그** ⋯⋯⋯⋯⋯⋯⋯⋯⋯⋯⋯⋯ 36

언플러그드 교과 놀이를 시작해요!

사고력 더하기

Special Page 동물은 어떻게 나눌 수 있을까요?

5 **페이퍼링 듀얼** ⋯⋯⋯⋯⋯⋯⋯⋯⋯⋯⋯ 42

언플러그드 교과 놀이를 시작해요!

사고력 더하기

Special Page 패턴 놀이로 추론 능력을 키워요!

 목차

PART 02
다양한 교과 역량을 키우는
교과 보드판 활용 언플러그드 놀이

❶ 동물을 검색해! ⋯⋯⋯⋯⋯⋯⋯⋯⋯ 50
언플러그드 교과 놀이를 시작해요!
Special Page 알아봐요! 먹이사슬과 먹이그물

❷ 식물 나라 보물을 찾아서! ⋯⋯⋯⋯⋯ 54
언플러그드 교과 놀이를 시작해요!
Special Page 알아봐요! 식물의 종류

❸ 궁금한 이야기! 역사 속으로 ⋯⋯⋯⋯ 58
언플러그드 교과 놀이를 시작해요!
Special Page 지도로 보는 역사 vs 보드게임으로 만나는 역사

❹ 응답하라! 조선 시대 ⋯⋯⋯⋯⋯⋯⋯ 64
언플러그드 교과 놀이를 시작해요!
Special Page 역사책 만들기 vs 역사신문 만들기

❺ 한입에 꿀꺽 — 70
언플러그드 교과 놀이를 시작해요!
Special Page 바른 식생활 정보 114

❻ 의식주 게임 — 74
언플러그드 교과 놀이를 시작해요!
Special Page 옛날과 오늘날의 의식주

❼ 덕목 게임 — 78
언플러그드 교과 놀이를 시작해요!
Special Page 덕목을 경매합니다?!

❽ 도형 나라 — 82
언플러그드 교과 놀이를 시작해요!
Special Page 재미있는 수학 놀이

부록

보드판

PART

01

절차적 사고와
문제 해결력을 키우는
언플러그드 놀이
교과 보드게임

Section 01 독도수비대

Section 02 피노키오

Section 03 캐치 마이 필링

Section 04 플라잉 피그

Section 05 페이퍼링 듀얼

Section 01

독도수비대

독도를 수호했던 영웅들이 되어 자원을 모으고 미션을 해결해가는 과정에서 독도를 사랑하는 마음을 키울 수 있는 독도수비대 보드게임을 해봅시다.

🖌 수업길잡이

난이도 ★★★★☆
소요시간 30분 이상
놀이인원 2~5인용
준비물 독도수비대

교과 놀이 보드를 준비해요!

놀이 목표 독도수비대를 통해 전략적 사고력 향상 및 나라 사랑 마음 가지기
놀이 약속 사이좋게 보드게임하기

학교에서 이렇게 배워요!

수업 활동 6학년 사회 : 2단원. 통일 한국의 미래와 지구촌의 평화
　　　　　　1) 한반도의 미래와 통일 : 우리 땅 독도를 알아보기

전략적 사고력

미션 카드에 있는 자원을 모아서 해당 지역에 도착해 미션을 해결하는 보드게임입니다. 놀이하는 과정에서 전략적으로 사고하고 판단하는 경험을 할 수 있을 뿐 아니라 독도를 지키고 사랑하는 마음을 키울 수 있는 독도수비대 보드게임을 해봅시다.

1 자원 토큰을 잘 정리해 모아두고 미션 카드를 잘 섞어 3장을 펼쳐 놓습니다.

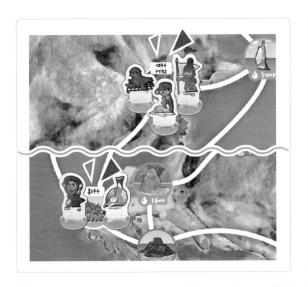

2 각자 자신의 영웅 카드를 가져오고 자신의 영웅 말을 동도 부두 또는 서도 부두에 올려놓습니다. 먼저 플레이할
사람을 정한 후 시계 방향으로 게임을 진행합니다.

3 자신의 차례가 되면 주사위 2개를 굴리고, 주사위의 숫자만큼 이동하거나 영웅 말이 위치한 지역의 자원을 획득합니다.

4 이동하려는 방향에 다른 플레이어의 말이 있다면 건너뛸 수 있습니다.

5 자원별로 최대 6개까지 토큰을 가지고 있을 수 있습니다. 만약 약초 토큰을 5개 가지고 있는 경우 하나의 주사위에서 1이, 또 다른 주사위에서 2가 나왔다면 1만큼 이동해서 약초가 그려진 지역에 도착하고 1개의 약초 토큰만 가져올 수 있습니다.

6 자신의 차례에 펼쳐 놓은 3개의 미션 카드 중 하나에 제시된 조건을 충족하면서 자신의 영웅 말이 해당 미션 지역에 도착했다면 필요한 만큼의 자원 토큰을 내고 미션 카드를 획득합니다. 바닥에 깔린 미션 카드는 항상 3장이어야 합니다.

7 미션 카드 뒷면의 훈장 7개를 먼저 모으면 게임이 종료되고 승리합니다.

★ 독도 골든벨 퀴즈를 풀어봅시다.

1 부록에 있는 독도 골든벨 판을 오립니다.

2 한 사람이 문제를 내고, 다른 사람이 문제를 풀면서 독도 골든벨 퀴즈를 해봅시다. 문제는 새로 만들어
제시해도 좋습니다.

Special Page

독도를 부탁해!

우리 국토의 가장 동쪽에 위치한 독도는 우리나라에서 가장 먼저 해가 뜨는 곳으로 동도와 서도 및 89개의 부속 도서로 이루어져 있습니다. 독도는 해저 2,000m에서 솟은 용암이 굳어져 형성된 화산섬으로 약 460만년 전부터 250만 년 전 사이에 형성된 것으로 알려져 있으며 우리 눈에 보이지 않지만, 독도의 해수면 아래에는 매우 큰 해산이 독도를 떠받치고 있지요.

독도는 겨울을 제외한 봄, 여름, 가을 내내 소박한 꽃을 피우는 식물들이 많습니다. 갯장대(봄), 땅채송화와 갯제비쑥(여름) 그리고 해국(가을)은 독도의 계절을 대표하는 꽃들입니다. 토층이 얇아 뿌리를 내리기 힘든 척박한 환경임에도 불구하고 섬괴불나무, 줄사철, 동백나무, 곰솔(해송) 등의 나무도 자라고 있습니다. 또한, 괭이갈매기와 바다제비는 독도를 번식지로 삼아 살고 있으며 매와 말똥가리 그리고 흑비둘기와 같은 천연기념물도 발견됩니다. 특히 흰띠명나방, 잔바꽃등에, 작은멋쟁이나비 등의 많은 곤충이 사는 독도는 생물 지리적 한계선 역할을 하고 있어 생물학적으로 매우 중요하다고 할 수 있지요.

이러한 독도는 서기 512년(신라 지증왕 13년)에 하슬라주(현재의 강릉)의 군주 이사부가 우산국을 복속하면서부터 이미 우리 땅이었습니다. 이런 역사적 사실에도 불구하고 일본은 독도가 자신의 땅이라고 주장하고 있습니다. 이에 우리는 일본의 도발에 단호히 대응하면서 우리의 국토인 독도를 지키기 위해 꾸준히 관심을 가지고 보전, 관리 및 생태계 보호를 위해 노력해야 합니다. 독도수비대 보드게임을 하며 독도에 대한 사랑을 키우고, 독도를 지키기 위한 노력을 함께 해보는 건 어떨까요?

〈출처 : 해양교육포털(해양수산부, 한국해양재단)
https://www.ilovesea.or.kr/eduGarden/eduTemplet.do?menuCode=010205〉

Section 02

피노키오

상대방의 이야기를 듣고 그 이야기가 진실인지 거짓인지를 추측하는 피노키오 보드게임을 통해
의사소통 능력과 판단력을 키워봅시다.

 수업길잡이

난이도 ★★★★☆
소요시간 30분 이상
놀이인원 4~10인용
준비물 피노키오

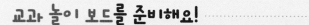

교과 놀이 보드를 준비해요!

놀이 목표 피노키오를 통해 상대방 이야기의 진실 가리기
놀이 약속 상대방의 이야기 잘 들어주기

학교에서 이렇게 배워요!

수업 활동 5학년 도덕 : 1단원. 바르고 떳떳하게 – 바르고 곧은 마음을 실천해요.

 **이 놀이는**

의사소통

다른 사람들이 참인지 거짓인지 쉽게 알아채지 못하도록 이야기를 하거나 이야기를 듣고 진실
여부를 가리는 보드게임입니다. 놀이하는 과정에서 판단력은 물론 자연스럽게 의사소통 능력을
키울 수 있는 피노키오 보드게임을 해봅시다.

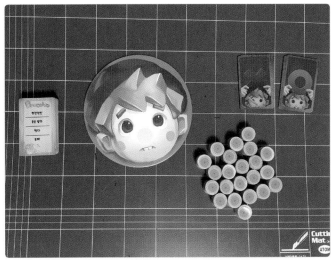

1 피노키오 얼굴 게임판을 테이블 가운데에 펼쳐 놓고, 모든 플레이어는 O, X 카드 각 1장씩과 나무 토큰 5개를 받습니다. 주제어 카드는 잘 섞어 그림판 옆에 놓습니다.

2 이야기꾼은 주제어 카드를 1장 뽑아 그중에서 원하는 주제어를 선택합니다. 2인이 게임을 할 경우 한 명이 이야기꾼의 역할을 합니다.

3 거짓을 말할지, 진실을 말할지 정하고 해당 카드를 뒤집어 자신의 앞에 놓고 이야기를 시작합니다. 거짓인 경우는 X 카드를, 진실인 경우는 O 카드를 선택합니다.

4 나머지 플레이어들은 질문을 할 수 있고, 이야기꾼은 자신이 낸 카드에 따라 진실만을 말하거나 거짓만을 말할 수 있습니다.

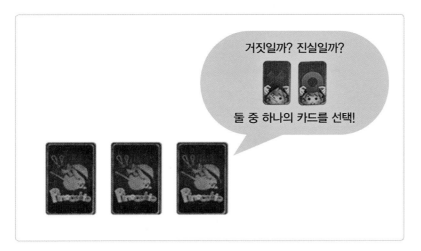

5 모든 플레이어는 이야기꾼의 이야기가 거짓인지 진실인지 판단하고, O 또는 X 카드를 뒤집어 자기 앞에 놓습니다. 2인이 게임을 할 경우 이야기꾼 외 다른 이가 O 또는 X 카드를 선택합니다.

6 모든 플레이어가 동시에 카드를 공개한 후 이야기꾼의 카드를 공개합니다.

7 추측이 틀린 플레이어어는 자신의 나무 토큰 하나를 피노키오의 코 위에 쌓습니다. 이때 나무 토큰을 쓰러뜨리면 쓰러진 나무 토큰은 내버려두고 다시 한 개를 더 쌓아야 합니다. 사용한 카드는 각자 가져가고, 이야기꾼의 왼쪽 사람이 새로운 이야기꾼이 되어 게임을 계속 진행합니다.

8 게임을 계속하다 누구든 나무 토큰을 다 사용하게 되면 게임은 종료되고, 가장 많은 나무 토큰을 가지고 있는 사람이 승리합니다.

✱ 진실 혹은 거짓 O, X 퀴즈를 풀어봅시다.

1 부록에 있는 진실 혹은 거짓 O, X판을 오립니다.

2 부록에 있는 O, X 퀴즈 문제를 활용해 한 사람은 문제를 내고, 다른 사람은 그 말을 듣고 진실인지 거짓인지를 판단해 O 또는 X판을 듭니다.

Section 03

캐치 마이 필링

창의적인 짧은 이야기를 만들고 이야기 속 주인공의 기분을 알아맞히는 캐치 마이 필링 보드게임을 통해 다른 사람의 마음을 이해하는 능력을 키워봅시다.

수업길잡이

난이도 ★★★★☆
소요시간 15분 이상
놀이인원 3~8인용
준비물 캐치 마이 필링

교과 놀이 보드를 준비해요!

놀이 목표 캐치 마이 필링을 통해 주인공의 기분 헤아리기
놀이 약속 상대방의 입장에서 생각하기

학교에서 이렇게 배워요!

수업 활동 5학년 도덕 : 5단원. 갈등을 해결하는 자세 - 공감하며 대화해요.

공감

배경과 주인공의 역할, 그리고 상대방을 이용하여 창의적인 짧은 이야기를 만들어내고, 이야기 속 주인공의 기분을 알아맞히는 게임입니다. 놀이하는 과정에서 감정을 인식하고, 표현하며 자연스럽게 의사소통 능력을 키울 수 있는 캐치 마이 필링 보드게임을 해봅시다.

상황 카드 64장

주인공 기분 추측 표지판 1개

기분 추측 표지판 7개

10개
15개
15개

점수 토큰 40개

1 상황 카드를 잘 섞은 후 더미를 만들고, 점수 토큰은 종류별로 잘 모아둡니다. 주인공 기분 표지판과 기분 추측 표지판을 받은 후 게임 준비를 완료합니다.

"카드 덱에서 카드 한 장을 펼칩니다."

2 주인공을 한 명 정한 후 주인공은 카드를 모두가 볼 수 있게 펼칩니다. 2인이 할 경우 상황 카드 중 캐릭터가 2명이 나오는 경우 중에서 선택하고 한 명이 주인공을 맡습니다.

"왕관 쓴 사람이 너(주인공)야"

3 주인공의 왼쪽 플레이어가 주인공이 맡을 역할을 정해줍니다. 2인이 할 경우 주인공이 아닌 사람이 주인공이 맡을 역할을 정합니다.

"여기 이 여자는 지금은 헤어진 너의 첫사랑이야"

4 주인공 왼쪽으로 2번째에 있는 플레이어는 그림에 있는 나머지 캐릭터를 정합니다. 캐릭터는 가상의 인물이 될 수도 있고, 아는 친구나 유명인이 될 수도 있습니다. 2인이 할 경우 주인공이 맡은 역할 외 나머지 역할을 남은 사람이 맡습니다.

"지금 상황은 너의 첫사랑이 자기 목걸이랑
너의 왕관을 바꾸자고 하는 상황인데, 너의
기분은 어떠니?"

5 주인공 왼쪽으로 3번째에 있는 플레이어는 카드에 그려진 배경과 주인공의 역할, 상대방을 이용해 창의적인
이야기를 만듭니다. 단, 마지막은 항상 다음 질문으로 마무리합니다. 2인이 할 경우 주인공 외 사람이 카드에
그려진 배경과 주인공의 역할, 상대방을 이용해 창의적인 이야기를 만듭니다.
  - 이런 상황에서 당신의 기분은 어떠신가요?

주인공은 자기 기분을 표시판에 결정합니다.

6 주인공은 다른 사람이 보지 못하도록 기분 표지판의 숫자 5가 자신의 기분에 위치하도록 다이얼을 조정합니다.

7 기분 추측 표지판의 화살표를 예상되는 주인공의 기분에 맞춥니다. 다이얼 조정이 끝나면 표지판을 뒤집어 자기 앞에 내려놓습니다.

8 20점을 먼저 획득한 사람이 승리합니다. 2인의 경우 돌아가면서 주인공의 역할을 맡아서 하고, 획득한 점수를 비교합니다.

- **주인공** : 가장 높은 점수를 얻은 플레이어와 같은 점수
- **주인공이 아닌 플레이어** : 주인공과 같은 기분을 선택했다면 5점, 주인공 바로 양쪽 기분을 선택했다면 3점, 그 외를 선택했다면 1점
- **이야기꾼** : 모든 플레이어가 같은 기분을 선택했을 때 0점

* 얼굴 표정을 보고 기분을 추측하는 놀이를 해봅시다.

1 부록에 있는 얼굴 표정을 보고 어떤 기분인지 추측하여 적습니다.

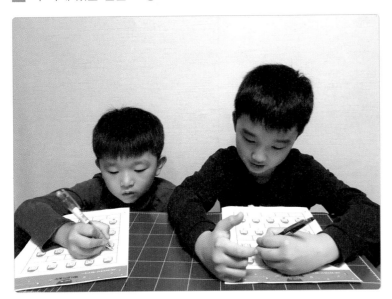

2 다른 사람이 추측하여 적은 기분과 내가 추측하여 적은 기분이 얼마나 일치하는지 확인합니다.

3 직접 기분을 적고 그 기분을 나타내는 얼굴 표정을 그려봅시다.

Special Page

공감과 경청

경청이란 주의 깊게 듣는다는 의미입니다. 경청의 기본자세는 수용과 반응으로 시선이나 자세를 상대 쪽으로 향하고, 말하고자 하는 사실에 대해 들으며 비언어적 표현에 집중합니다. 선입견이나 편견에서 벗어나 의문점에 있으면 질문하고, 상대방이 말할 때 방해하지 않습니다. 이러한 경청을 통해 상대방 과 신뢰를 구축할 수 있을 뿐 아니라 저항감을 감소시키고 상대방이 자신의 말을 주의 깊게 들어준다 는 것만으로도 자부심이 향상됩니다. 또한, 인격과 자기규율을 형성하는데도 영향을 미칩니다.

공감은 상대방의 의견이나 감정, 생각에 자신도 그렇다고 느끼는 것을 의미합니다. 공감 능력이 발달 하기 위해서는 다른 사람의 감정을 마치 자기의 것처럼 느끼는 정서적 요소, 타인의 관점이나 역할을 이해할 수 있는 인지적 요소, 이러한 느낌과 이해를 상대방에게 표현하고 서로 나누고 소통하는 의사 소통적인 요소가 모두 필요합니다. 공감 능력이 발달한 어린이들은 대체로 행복하고, 정서 지능, 즉 EQ와 집중력이 높다고 합니다. 기분이 나쁘더라도 자신의 감정을 잘 진정시킬 수 있고, 심리적인 면역 력 또한 강하다고 해요. 또 교우 관계가 좋고 변화에 잘 대처하며 무엇보다 스스로 학습하려는 능력이 우수하여 학업 성적 또한 대체로 좋다고 합니다.

따라서 공감적 경청은 다른 사람의 말하는 의미를 진정으로 파악하려 하고, 상대방의 관점에서 이해 하려고 노력하는 것이라 할 수 있어요. 앞에서 활동해본 피노키오 보드게임이나 캐치 마이 필링과 같 은 보드게임은 상대방의 이야기를 경청해야 진실인지 아닌지를 구분하거나 주인공의 기분에 공감할 수 있습니다. 나아가 공감적 경청 능력을 키울 수 있지요. 친구들과 다 같이 둘러앉아 재미있는 보드 게임도 하고, 공감과 경청의 기술도 습득하는 것은 어떨까요?

Section 04 플라잉 피그

좋아하는 동물을 주제로 한 게임을 해본 적이 있나요? 60종류의 동물들과 그 동물의 특성에 대해 재미있게 알아가는 플라잉 피그 보드게임을 해봅시다.

수업길잡이

난이도 ★★☆☆☆
소요시간 15분 이상
놀이인원 2~4인용
준비물 플라잉 피그

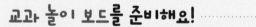
교과 놀이 보드를 준비해요!

놀이 목표 플라잉 피그를 통해 동물의 특성 이해하기
놀이 약속 동물을 사랑하는 마음 가지기

학교에서 이렇게 배워요!

수업 활동 3학년 과학 : 2단원. 동물의 생활—어떤 특징으로 분류할 수 있을까요?

이 놀이는

과학적 지식

과학 학습용 보드게임으로 한 동물이 가진 여러 가지 특성을 찾아봄으로써 그 동물에 대해 자세히 알아볼 수 있습니다. 놀이하는 과정에서 자연스럽게 동물에 대한 과학적 지식을 쌓아가게 되는 플라잉 피그 보드게임을 해봅시다.

1 모든 특성 카드를 설명이 보이도록 펼쳐놓고, 동물 카드를 잘 섞은 후 그림이 보이지 않게 특성 카드를 옆에 놓습니다. 정답 노트까지 준비하면 게임 준비가 완료됩니다.

2 매 라운드마다 특정 동물을 하나 정합니다.

3 선택한 특정 동물을 모든 플레이어가 볼 수 있도록 둥글게 놓인 특성 카드 중앙에 놓습니다.

4 펼쳐진 동물 카드에 나타난 동물의 특성을 빨리 생각합니다. 그리고 그 동물의 특성이라고 생각되는 특성 카드
위에 자신의 게임칩 하나를 올려놓습니다.

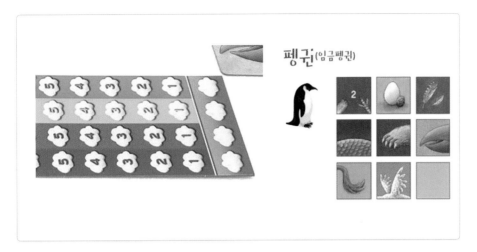

5 모든 플레이어가 칩을 놓고 싶어하지 않거나 모든 참가자가 칩을 다 사용한 경우 해당 라운드는 종료됩니다. 정답 노트를 보고 동물의 특성 중 맞는 부분을 확인합니다.

 – 특성이 맞는 경우 점수판 위의 게임말을 한 칸 앞으로 보냅니다.

 – 특성이 아닌 경우 점수판 위의 게임말을 한 칸 뒤로 보냅니다. 단, 출발선보다 뒤로 물러날 수 없습니다.

6 게임칩의 점수를 계산한 후 그 칩을 다시 가져옵니다. 5라운드가 끝나고 게임말이 가장 앞에 놓인 플레이어가 승리합니다.

★ 기준에 따라 동물 분류하기를 해봅시다.

1 부록에 있는 동물 분류 기준 카드와 동물 카드를 오립니다.

2 기준에 따라 동물 카드를 분류하고, 어떤 특징을 가지고 있는지 생각해봅니다.

Special Page

동물은 어떻게 나눌 수 있을까요?

동물은 크게 등뼈가 있는 동물과 등뼈가 없는 동물로 나눌 수 있습니다. 등뼈가 있는 동물은 척추동물, 등뼈가 없는 동물을 무척추동물이라고 하지요. 척추동물은 다시 포유류, 조류, 파충류, 양서류, 어류로 나눌 수 있습니다. 포유류는 온몸이 털로 덮여 있으며 새끼를 낳아서 기릅니다. 토끼나 개, 고양이, 호랑이 등이 모두 포유류에 속하지요. 조류는 날개가 있고, 온몸이 깃털로 덮여 있으며 알을 낳아 기르는 특징을 가지고 있습니다. 까치, 독수리, 앵무새 등이 모두 조류에 속합니다.

파충류는 온몸이 비늘로 덮여 있으며 몸의 온도가 변하는 변온동물입니다. 또 알을 낳아서 기르지요. 악어, 뱀, 거북이 등이 파충류에 속한다고 할 수 있습니다. 양서류는 물과 육지를 모두 오고갈 수 있으며 알을 낳아 길러요. 개구리, 도롱뇽, 두꺼비 등이 양서류에 속합니다. 어류는 비늘이 있으며 알을 낳아 기릅니다. 금붕어, 고등어, 가오리, 뱀장어 등의 물고기들이 모두 어류에 속한다고 할 수 있습니다.

아래는 척추동물의 특징을 정리해 간단하게 정리한 표입니다. 플라잉 피그에 등장하는 여러 동물도 이 기준에 따라 분류해보면 어떨까요?

척추동물	표면	호흡 기관	체온	번식
포유류	털	허파	정온	새끼
조류	깃털	허파	정온	알
파충류	비늘	허파	변온	알
양서류	피부	허파, 피부, 아가미	변온	알
어류	비늘	아가미	변온	알

척추동물의 분류

페이퍼링 듀얼

같은 색이나 모양이 반복되어 예쁜 패턴을 만드는 경우를 본 적이 있나요? 카드에 표시된 색이나 패턴으로 조합을 만들어 상대 플레이어를 공격하는 재미있는 보드게임을 해봅시다.

수업길잡이

난이도 ★★★★☆
소요시간 20분 이상
놀이인원 2인용
준비물 페이퍼링 듀얼

교과 놀이 보드를 준비해요!

놀이 목표 페이퍼링 듀얼을 통해 패턴 이해하기
놀이 약속 만들고 싶은 패턴에 집중하기

학교에서 이렇게 배워요!

수업 활동 4학년 미술 : 7단원. 찍어서 표현한 그림 – 반복적으로 찍어서 무늬 꾸미기

이 놀이는

패턴 인식

패턴이나 색상의 속성을 만들거나 상대방이 자신의 속성을 제거하지 못하게 함으로써 집중력 및 패턴 인식 능력을 키울 수 있는 게임입니다. 놀이하는 과정에서 자연스럽게 컴퓨팅 사고력 중 하나인 패턴 인식을 경험할 수 있는 페이퍼링 듀얼 보드게임을 해봅시다.

1 게임판, 속성 표시판, 속성 마커, 모래시계를 배치하면 게임 준비가 완료됩니다.

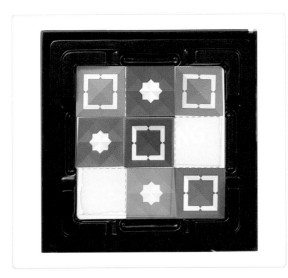

2 자신의 차례에 앞에 펼쳐진 속성 카드를 3장까지 원하는 만큼 게임판에 둡니다. 상대방이 특수 카드를 놓았다
면 자신의 차례를 마치기 전까지 회색 사각형이 안 보이도록 가려야 합니다.

3 속성을 확인하고 속성 표시판에 자신의 속성 마커로 표시합니다.

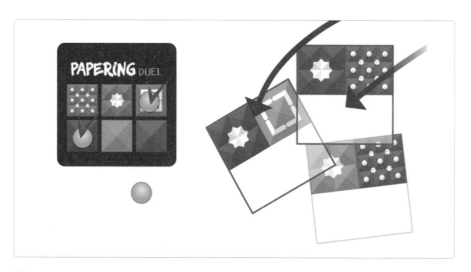

4 사용한 속성 마커의 수만큼 카드 더미의 위에서 새로운 카드를 가져와 마찬가지로 옆에 펼쳐 놓습니다.

5 자신의 차례를 마쳤을 때 상대방의 속성 마커가 속성 표시판에 남아 있다면 패배합니다.

　－ 자신의 차례를 마쳤을 때 내 속성 마커를 속성 표시판에 1개도 올리지 못했다면 패합니다.

　－ 자신의 차례를 마쳤을 때 상대방 특수 카드의 회색 사각형을 가리지 못했다면 패합니다.

　－ 위의 조건을 충족하며 자신의 속성 조합을 3개 이상 만들었다면 승리합니다.

✱ 더블 빙고 게임을 해봅시다.

1 부록에 있는 더블 빙고판과 빙고칩을 오립니다.

2 같은 색 또는 같은 모양끼리 가로, 세로, 대각선으로 빙고칩을 5개 먼저 연결시키는 사람이 이깁니다.

Special Page

패턴 놀이로 추론 능력을 키워요!

패턴 놀이는 일정하게 반복되는 규칙성을 기억하고 다음에 올 패턴을 추론할 수 있는 능력까지 자극해주는 놀이입니다. 기억력 발달은 물론 추리력, 사고력 또한 향상시킬 수 있지요. 일상생활 속에서 쉽게 할 수 있는 패턴 놀이를 알아보겠습니다.

❶ 일정한 색깔이 반복되는 패턴 색깔 놀이를 해보세요. 스케치북에 동그라미를 그려놓고 좋아하는 색깔을 몇 개 정해 일정한 규칙으로 반복되게 색칠합니다.

❷ 패턴 도장 찍기 놀이를 해보세요. 지우개나 우드락에 원하는 모양을 조각칼로 파서 도장을 만들거나 문구점에 파는 도장 2~3개를 선택해 원하는 잉크에 묻혀 일정한 모양이나 색깔이 반복되도록 패턴 도장 찍기 놀이를 합니다.

❸ 패턴 목걸이나 팔찌 만들기 놀이를 해보세요. 맛있는 과자를 일정한 규칙에 따라 반복되도록 꿰어 목걸이를 만들어 봅시다. 비즈 공예 구슬 등을 활용해도 좋아요!

PART

02

다양한 교과 역량을 키우는
교과 보드판 활용
언플러그드 놀이

Section 01 동물을 검색해!

Section 02 식물 나라 보물을 찾아서!

Section 03 궁금한 이야기! 역사 속으로

Section 04 응답하라! 조선 시대

Section 05 한입에 꿀꺽

Section 06 의식주 게임

Section 01 덕목 게임

Section 08 도형 나라

Section 01

동물을 검색해!

주사위를 던져 나오는 수만큼 이동하여 도착한 곳에 있는 동물을 검색해 활동지 속 문제를 해결하는
보드게임을 해봅시다.

 수업길잡이

난이도 ★★★★☆
소요시간 20분 이상
놀이인원 2~4인용
준비물 [동물을 검색해!]
보드판, 스마트폰
(스마트패드), 숫자
주사위, 말, 동물 정보
기록판, 동물 붙임
딱지, 펜, 풀(테이프)

교과 놀이 보드를 준비해요!

놀이 목표 동물을 검색해 보드게임을 통해 다양한 동물에 대해 알기
놀이 약속 활동지 모두 해결하기

학교에서 이렇게 배워요!

수업 활동 3학년 과학 : 2단원. 동물의 생활 – 어떤 특징으로 분류할 수 있을까요?

 이 놀이는

다양한 동물의 특성에 대해 알아보는 보드게임입니다. 주사위를 던져 나오는 수만큼 보드판을 따라
이동하며 선택된 동물에 대해 검색합니다. 검색을 통해 수집한 정보를 바탕으로 활동지 미션을 해
정보 처리 역량 결하는 과정에서 동물의 특성에 대해 알고, 정보 처리 역량을 키울 수 있는 보드게임을 해봅시다.

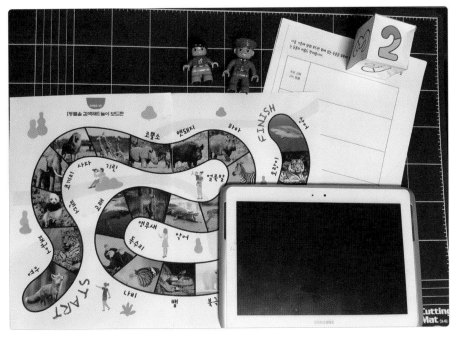

1 부록에 있는 [동물을 검색해!] 보드판과 숫자 주사위, 동물 정보 기록판, 동물 붙임 딱지를 오립니다. 숫자 주사위는 풀 또는 테이프로 입체 모양을 만들어 줍니다. 그리고 동물 정보를 검색할 수 있는 스마트폰(스마트패드)을 준비합니다.

2 주사위를 던져 나온 수만큼 이동합니다.

3 도착한 곳에 있는 동물이 무엇인지 확인합니다.

4 해당 동물을 스마트폰(스마트패드)으로 검색하며 정보를 수집하며 활동지를 해결합니다.

Special Page

알아봐요! 먹이사슬과 먹이그물

먹이사슬이란 생물 사이의 먹고 먹히는 관계가 마치 사슬처럼 연결되는 것을 의미합니다. 생산자▶ 1차 소비자▶2차 소비자▶3차 소비자 등의 순서로 연결되는데 예를 들어 꽃, 벌, 사마귀, 새로 먹이 사슬을 만들면 '꽃▶벌▶새', '꽃▶벌▶사마귀▶새' 등으로 연결할 수 있습니다.

이때 여러 개의 먹이사슬이 서로 얽혀서 그물처럼 보이는 것을 먹이그물이라고 하지요. 실제 생태계 내에서 소비자인 동물은 여러 종류의 생물을 먹이로 하기 때문에 먹이 관계가 복잡하게 얽히게 됩니다. 먹이그물이 복잡해야 어떤 특정한 먹이가 부족해지더라도 다른 먹이를 먹고 살 수 있기 때문에 쉽게 멸종되지 않는 것입니다. 오늘 활동한 보드게임에서 살펴본 동물들의 먹이그물을 한 번 그려보는 건 어떨까요?

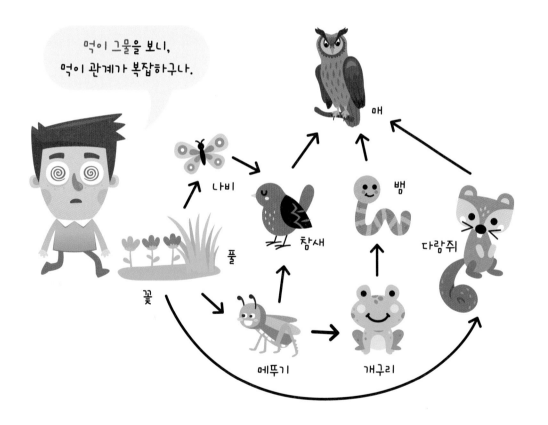

식물 나라 보물을 찾아서!

주사위를 던져 나오는 수만큼 이동하여 도착한 곳에 있는 식물을 검색해 활동지 속 문제를 해결하는 보드게임을 해봅시다.

 수업길잡이

난이도 ★★★★☆
소요시간 20분 이상
놀이인원 2~4인용
준비물 [식물 나라 보물을
　　　찾아서!] 보드판, 펜,
　　　스마트폰(스마트패드),
　　　말, 숫자 주사위, 식물
　　　정보 기록판, 식물
　　　붙임 딱지, 풀(테이프)

교과 놀이 보드를 준비해요!

놀이 목표　식물을 검색해 보드게임을 통해 조건에 부합하는 식물에 대해 알기

놀이 약속　꼭 필요한 내용만 검색하고, 활동지 모두 해결하기

학교에서 이렇게 배워요!

수업 활동　4학년 과학 : 1단원. 식물의 생활 – 우리 생활에서 식물의 특징을 어떻게 활용할까요?

 **이 놀이는**

정보 처리 역량　다양한 식물의 특성에 대해 알아보는 보드게임입니다. 주사위를 던져 나오는 수만큼 보드판을 따라 이동하며 선택된 식물에 대해 검색합니다. 검색을 통해 수집한 정보를 바탕으로 조건에 해당하는 식물을 찾는 과정에서 정보 처리 역량을 키울 수 있는 보드게임을 해봅시다.

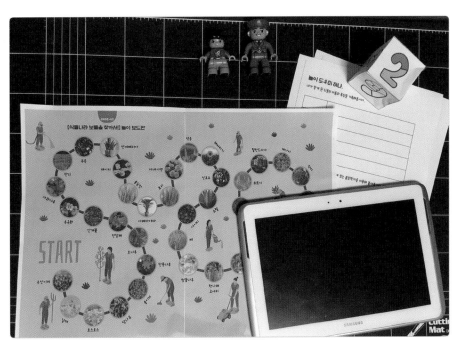

1 부록에 있는 [식물나라 보물을 찾아세] 보드판과 숫자 주사위, 식물 정보 기록판, 식물 붙임 딱지를 오립니다. 숫자 주사위는 풀 또는 테이프로 입체 모양을 만들어 줍니다. 그리고 식물 정보를 검색할 수 있는 스마트폰(스마트패드)을 준비합니다.

2 주사위를 던져 나온 수만큼 이동합니다.

3 도착한 곳에 있는 식물이 무엇인지 확인합니다.

4 해당 식물을 검색하여 정보를 수집합니다. 조건에 맞는 식물일 경우 식물 정보 기록판에 붙임 딱지를 붙여 해결
하고 보석을 얻습니다. 더 많은 보석을 빨리 얻는 사람이 승리합니다.

알아봐요! 식물의 종류

식물이란 과거에는 자유로이 운동을 못하며, 독립영양을 하는 생물을 모두 일컫는 말로서 이끼, 고사리, 풀, 나무뿐만 아니라 버섯, 곰팡이, 해조류 등을 포함하는 개념으로 사용되었습니다. 하지만, 생물학이 발전한 현재에는 과거와는 달리 생물을 동물과 식물로만 단순하게 나누지 않고 다섯 또는 여섯 개의 계(界)로 구분하므로 식물의 범위가 과거보다 좁아졌습니다. 현재에는 식물을 자유로이 운동을 못하고, 엽록소를 가지고 광합성을 통해 영양분을 스스로 만들고, 셀룰로오스를 함유한 세포벽이 있고, 신경이 발달하지 않은 생물로 정의합니다. 따라서 식물에는 이끼식물(선태식물)과 관다발 식물만이 포함되며, 균계로 분류하는 버섯과 곰팡이, 원생생물계로 분류하는 해조류 등은 식물의 범주에서 제외됩니다.

아래 표와 같이 크게 꽃이 피느냐 피지 않느냐에 따라 관다발이 있느냐 없느냐에 따라 양치식물과 선태식물, 겉씨식물과 속씨식물로 나누어 생각해볼 수 있습니다. 식물 나라 보물을 찾아서 보드게임을 하면서 다양한 식물에 대해서 알아보는 것은 어떨까요?

		꽃이 피지 않는다	꽃이 핀다	
			씨방 없음	씨방 있음
관다발 식물	경엽 식물	양치식물	겉씨식물	속씨식물
비관다발 식물	엽상 식물	선태식물		

Section 03

궁금한 이야기! 역사 속으로

우리나라의 역사와 관련된 책을 읽어본 적이 있나요? 주사위를 던져 나오는 수만큼 이동하며 도착한 곳에 적힌 역사 이야기를 읽고 점수를 얻거나 잃는 역사 보드게임을 해봅시다.

 수업길잡이

난이도 ★★★★☆
소요시간 20분 이상
놀이인원 2~4인용
준비물 [궁금한 이야기! 역사 속으로] 보드판, 숫자 주사위, 점수 타일, 데이터 기록판, 펜, [궁금한 이야기! 나의 역사 속으로] 보드판, 풀(테이프), 말

교과 놀이 보드를 준비해요!

놀이 목표 궁금한 이야기! 역사 속으로 보드게임을 통해 삼국시대의 역사에 대해 알기
놀이 약속 역사 이야기를 꼼꼼하게 읽고 점수 잘 계산하기

학교에서 이렇게 배워요!

수업 활동 5학년 사회 : 1단원. 옛사람들의 삶과 문화 – 나라의 등장과 발전

 **이 놀이는**

역사적 사실 이해
삼국시대의 다양한 이야기에 대해 알아보는 보드게임입니다. 주사위를 던져 나오는 수만큼 보드판을 따라 이동하며 역사적 사실을 읽고, 규칙에 따라 얻은 점수 타일을 계산해 승패를 가리면서 역사적 사실 이해 능력을 키울 수 있는 보드게임을 해봅시다.

1 부록에 있는 [궁금한 이야기! 역사 속으로] 보드판과 숫자 주사위, 데이터 기록판, 점수 타일을 오립니다. 숫자 주사위는 풀 또는 테이프로 입체 모양을 만들어 줍니다.

2 주사위를 던져 나온 수만큼 이동합니다.

3 도착한 곳에 적혀 있는 삼국시대 역사 이야기를 꼼꼼하게 읽습니다. 이해가 어려운 부분이 있다면 관련 내용을 검색해 찾은 정보를 좀 더 읽거나 주변의 어른에게 물어봅니다.

4 해당 칸에 적힌 숫자만큼 점수 타일을 얻거나 잃습니다.

점수 타일 모으기

– 적힌 숫자와 색깔이 똑같은 점수 타일을 얻습니다.

– 특수 칸에 도착하면 적혀있는 대로 점수 타일을 가져오거나 반납합니다.

– 1라운드가 끝나면 그동안 모은 점수 타일을 계산합니다.

– 자신의 점수에 같은 색깔의 점수 타일의 수만큼 1씩 더합니다.

 (총 점수 타일 합계 5점인데 녹색 1점 타일이 3개, 보라색 2점 타일이 1개라면, 녹색 1점 타일 3개만큼 즉 3점
 을 더해 최종 점수는 8점이 됩니다.)

5 [궁금한 이야기! 나의 역사 속으로] 보드게임을 만들어 봅시다. 나의 출생부터 지금까지의 이야기를 각 칸에 적어봅니다.

6 내가 직접 만든 나의 역사 속으로 보드게임으로 친구 또는 가족과 함께 게임을 해봅시다.

지도로 보는 역사 vs
보드게임으로 만나는 역사

역사는 반드시 알아야 하고, 재미있는 이야기도 많지만, 워낙 방대하므로 기억하기도 쉽지 않고, 잘 사용하지 않는 용어들도 있어 어렵게 느껴질 수 있습니다. 그럴 때는 지도나 그림과 같은 시각적인 장치를 활용하면 도움이 될 수 있습니다. 설명으로 읽을 때는 잘 연상되지 않는 역사 속 장면도 지도의 영역과 화살표의 방향 등의 움직임으로 보게 되면 훨씬 더 잘 이해할 수 있을 뿐 아니라 역사의 흐름을 읽을 수 있지요.

또한, 우리나라의 역사를 아는 것도 중요하지만 우리나라의 역사 흐름 속에 동시대를 살아간 다른 나라의 역사를 함께 아는 것도 중요합니다. 지도 속에는 우리나라 주변국에 대한 정보도 포함되어 있음으로 지도로 역사를 공부한다면 이런 부분도 놓치지 않을 수 있지요. 예를 들어 삼국의 역사를 배울 때 아래와 같은 지도로 기억을 한다면 백제의 전성기 때 고구려와 신라는 어떠했는지, 어떤 나라와 교류를 했는지 등을 쉽게 파악할 수 있습니다. 여기에 다양한 문화유산 사진이나 역사적인 장면을 그림으로 그린 일러스트가 함께 더해진다면 더욱더 훌륭한 역사 공부 자료가 될 수 있습니다.

4세기 백제, 백제의 전성기　　　5세기 고구려, 고구려의 전성기　　　6세기 신라, 신라의 전성기

〈**출처** : http://study.zum.com/book/12758〉

또는 이번 활동에서처럼 역사 보드게임을 활용하여 역사 학습을 효율적으로 시작할 수도 있습니다. 시중에는 한국사 또는 세계사와 관련된 역사 보드게임들이 많이 개발되어 판매 중이기 때문에 이 중 필요한 보드게임을 선택해 구입하여 친구들과 직접 게임을 해보는 것도 좋습니다. 친구들과 즐 겁게 보드게임에 집중하다 보면 자연스럽게 역사적 사실을 알아가게 되지요.

만약 나에게 꼭 필요한 보드게임을 구입하기 어렵다면 직접 역사 공부를 하면서 알게 된 사실들을 기록하며 나만의 역사 보드게임을 만들어 활용할 수도 있습니다. 앞의 활동에서 나의 출생에서부터 지금까지의 역사를 빈 보드판에 정리하여 보드게임을 했던 것처럼 여러분이 원하는 시대 또는 원하 는 주제의 역사 보드게임을 얼마든지 만들 수 있습니다. 종이와 펜, 그리고 역사적 지식만 있다면 말이죠.

역사적 지식이 풍부하려면 역사와 관련된 다양한 책을 읽거나 검색을 통해 필요한 정보를 모아야 합니다. 혼자서는 그 많은 내용을 다 정리하기 힘들 수 있으므로 친구 또는 가족과 함께 역사 보드 게임을 만들어 보는 것은 어떨까요? 우리 가족이 직접 만든 역사 보드게임으로 역사 공부도 하고, 즐거운 시간도 보내도록 합시다.

Section 04

응답하라! 조선 시대

조선 시대를 배경으로 하는 드라마를 본 적이 있나요? 마패 주사위를 던져 나오는 마패의 수만큼 이동하며 도착한 곳에 적힌 역사 이야기를 읽고 마패를 얻거나 잃는 보드게임을 해봅시다.

✏️ 수업길잡이

난이도 ★★★★☆
소요시간 20분 이상
놀이인원 2~4인용
준비물 [응답하라! 조선 시대]
보드판, 마패 주사위,
말, 스마트폰(스마트
패드), 마패, 펜, [응답
하라! 나의 조선 시대]
보드판, 풀(테이프)

교과 놀이 보드를 준비해요!

놀이 목표 응답하라! 조선 시대 보드게임을 통해 조선 시대 역사에 대해 알기
놀이 약속 역사 이야기를 꼼꼼하게 읽고 규칙에 따라 마패 모으기

학교에서 이렇게 배워요!

수업 활동 5학년 사회 : 1단원. 옛사람들의 삶과 문화 – 민족 문화를 지켜 나간 조선

역사적 사실 이해 조선 시대의 흐름에 따라 있었던 역사를 배우는 보드게임입니다. 마패 주사위를 던져 나오는 수만큼 보드판을 따라 이동하며 역사적 사실을 읽고, 규칙에 따라 마패를 얻어 더 많은 마패를 가지는 사람 이 승리합니다. 역사 정보를 활용하고, 의사소통하는 능력을 키울 수 있는 보드게임을 해봅시다.

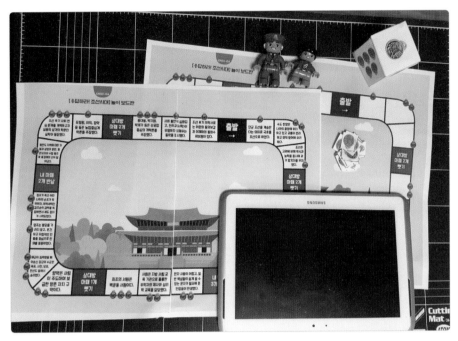

1 부록에 있는 [응답하라! 조선 시대] 보드판과 마패 주사위, 마패를 오립니다. 마패 주사위는 풀 또는 테이프로 입체 모양을 만들어 줍니다. 그리고 역사 정보를 검색할 수 있는 스마트폰(스마트패드)을 준비합니다.

2 주사위를 던져 나온 마패의 수만큼 이동합니다.

3 도착한 곳에 적혀 있는 조선 시대 역사 이야기를 꼼꼼하게 읽습니다. 이해가 어려운 부분이 있다면 관련 내용을 검색해 찾은 정보를 좀 더 읽거나 주변의 어른에게 물어봅니다.

4 해당 칸에 적힌 숫자만큼 마패를 얻되, 어떤 색깔의 마패인지는 상대방이 알 수 없도록 합니다. 자신의 턴이 되면 마패를 얻은 후 서로 보지 않고 교환할 수 있습니다. 원하지 않으면 교환하지 않아도 됩니다. 거래가 성사되면 교환하고 같은 색깔의 마패를 더 많이 모은 사람이 승리합니다.

마패 모으기 규칙
- 내가 가진 마패의 색깔을 상대방은 몰라야 합니다.
- 같은 색깔의 마패가 많아야 하므로 버릴 마패를 상대방과 교환합니다.

5 [응답하라! 나의 조선 시대] 보드게임을 응용해봅시다. 조선 시대에 대해 더 조사하거나 다른 시대를 선택해 관련 정보를 수집하여 보드를 완성합니다.

6 내가 직접 만든 나의 조선 시대 보드게임으로 친구와 함께 게임을 해봅시다.

Special Page

역사책 만들기 vs
역사신문 만들기

역사를 공부할 때 보드게임을 만들어 활용할 수도 있지만, 이렇게 책 만들기와 같은 메이킹 활동과도 연계할 수 있습니다. 북아트라는 이름으로 알려진 책 만들기 활동을 통해 용도와 주제에 맞는 수제북을 만들면서 교과 내용도 학습하고, 창의적인 아이디어로 사고력을 향상시킬 수 있습니다. 지그재그로 접어서 펼치는 아코디언북 또는 병풍책이라 불리는 책 만들기 기법은 연대순으로 정리해야 하는 역사적 내용이나 역사적 인물을 한 명 한 명 소개할 때 좋습니다.

아코디언북
〈출처 : 이유출판〉

책을 펼쳤을 때 종이들이 깃발처럼 한쪽 방향으로 누워 펼쳐지는 플래그북 형태의 책 만들기의 경우 역사적인 장면이나 사진을 이어서 볼 때 활용하기 좋습니다. 책 속에 책이 있는 것 같은 느낌이어서 나라별로 역사를 정리할 때도 유용합니다. 또한, 낱장의 종이를 한 곳에 모아 고정시켜 펼치는 팬 북도 이어지는 역사적 사건을 정리할 때 많이 사용합니다.

플래그북
〈출처 : 칼라노리〉

펼치면 그림이 튀어나오는 팝업북도 역사책 만들기에서 많이 사용됩니다. 책을 펼치면 거북선이나 남대문같이 역사적으로 소중한 문화유산이 펼쳐지며 관련된 내용을 안내하는 것이지요. 재미있는 형태의 팝업북을 만드는 과정에서 역사적 사실에 대한 이해와 관심이 발생하기도 합니다. 특히 단순한 역사적 사실을 적어 책 만들기를 하는 것보다 자신이 알게 된 역사적 사실을 토대로 자기 생각이나 느낌을 적도록 하면 학생들의 사고력 향상에도 도움이 되지요.

팝업북

입체 형태의 역사책 만들기가 쉽지 않다면 역사신문 만들기를 해보면 어떨까요? 신문이기 때문에 4컷 짜리 만화가 들어갈 수도 있고, 과거 역사적 인물과의 인터뷰 형태로 신문을 만들어도 좋습니다. 또한, 그 당시를 살아가는 기자가 되어 현장감 있게 역사적 사실을 보도하는 형태로 작성해도 됩니다. 특히 시대별로 나눠 고려신문, 조선신문 등 신문의 제목 역시 개성있게 마련할 수 있습니다. 역사 보드게임과 마찬가지로 혼자서는 그 많은 내용을 다 정리하기 힘들 수 있으므로 친구 또는 가족과 함께 역사신문이나 역사책을 만들어 봅시다.

Section 05

한입에 꿀꺽

편식하거나 많은 음식을 한 번에 다 먹는 식습관을 가진 사람을 본 적이 있나요? 특수 주사위를
2번 던져 나오는 수와 수식에 따라 음식을 먹고, 칼로리를 계산하는 보드게임을 해봅시다.

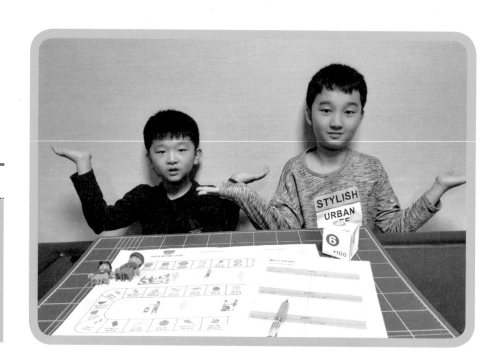

 수업길잡이

난이도 ★★★☆☆
소요시간 20분 이상
놀이인원 2~4인용
준비물 [한입에 꿀꺽] 보드판,
펜, 데이터 기록판,
풀(테이프), 말,
특수 주사위

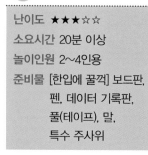

교과 놀이 보드를 준비해요!

놀이 목표 한입에 꿀꺽 보드게임을 통해 음식의 칼로리를 알고, 자기 관리하는 능력 키우기

놀이 약속 칼로리 계산 정확하게 하기

학교에서 이렇게 배워요!

수업 활동 5학년 실과 : 5단원. 가정생활과 생활 안전 – 균형잡힌 식사의 조건에 대해 알아볼까요?

 이 놀이는

자기 관리 능력

균형적인 식습관을 가지기 위한 보드게임입니다. 주사위를 처음 던져 나오는 수만큼 이동하며, 두 번
째 던졌을 때 나오는 수식에 따라 칼로리를 계산해 더 적은 칼로리 총량을 가진 사람이 승리합니다.
음식의 칼로리를 알고 바른 식습관을 가져 자기 관리 능력을 키울 수 있는 보드게임을 해봅시다.

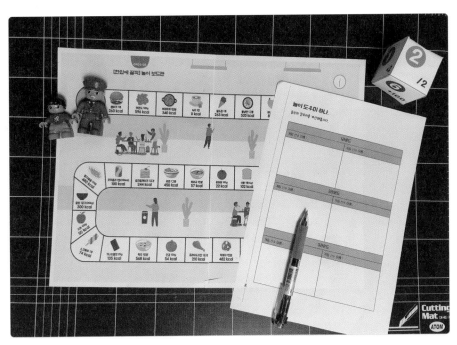

1 부록에 있는 [한입에 꿀꺽] 보드판과 특수 주사위, 데이터 기록판을 오립니다. 특수 주사위는 풀 또는 테이프로
입체 모양을 만들어 줍니다.

2 주사위를 던져 나온 수만큼 이동합니다. 이때 같은 면에 적혀있는 수식은 무시합니다.

3 도착한 곳에 있는 음식의 칼로리를 확인합니다.

4 해당 칸에 적힌 수식대로 앞에서 도착한 음식의 칼로리에 연산을 합니다. 예를 들어 음식의 칼로리가 300이었고, 수식에서 /2가 나왔다면 최종 칼로리는 150이 됩니다. 모든 말이 한 바퀴를 돌아 출발점에 도착하면 게임이 종료되며, 더 적은 칼로리를 획득한 사람이 승리합니다.

바른 식생활 정보 114

바른 식생활 정보를 알고 싶다고요? 바른 식생활 정보 114는 농림축산식품부에서 운영하는 사이트 (http://www.greentable.or.kr)로서 식생활 관련 전반에 대한 국민적 이해와 인식을 높여 국민 생활 증진과 환경 생태계의 보전, 농어업 및 농어촌의 활성화에 기여하기 위해 설립되었습니다. 식생활 교육 운동의 전국적 전개를 위한 범국민 네트워크를 구축하고, 국민 개개인의 식생활 영위 능력을 향상하기 위한 사업 등을 추진합니다. 바른 식생활 습관을 가지기 위해서는 어렸을 때부터 식생활과 관련된 다양한 정보를 접하는 것이 좋습니다. 또한, 이번 활동처럼 음식의 칼로리를 활용한 보드게임을 통해 자신이 먹는 음식에 대해 보다 관심을 가지고 바른 식생활 습관을 가지기 위한 의지를 다질 수 있습니다. 실생활에 유용한 사이트를 통해 정보를 수집하고, 자신의 식습관을 관리하기 위해 필요한 놀이 활동을 재미있게 하면서 건강한 생활을 해보는 건 어떨까요?

Section 06
의식주 게임

의식주가 무엇인지 알고 있나요? 주사위를 던져 나오는 수만큼 이동하면서 가구나 가전제품을 모아 집을 만드는 보드게임을 해봅시다.

🖊️ 수업길잡이

난이도 ★★★☆☆
소요시간 20분 이상
놀이인원 2~4인용
준비물 [의식주 게임] 보드판, 숫자 주사위, 말, 집, 가구/가전제품 카드, 풀(테이프)

교과 놀이 보드를 준비해요!

놀이 목표 의식주 게임을 통해 건강한 의식주 생활에 대해 알고, 생활 자립 능력 키우기

놀이 약속 자신의 의식주 생활 되돌아보기

학교에서 이렇게 배워요!

수업 활동 5학년 실과 : 5단원. 가정생활과 생활 안전 – 균형잡힌 식사의 조건에 대해 알아볼까요?

이 놀이는

생활 자립

주사위를 던져 의생활, 식생활과 관련된 내용을 확인하고, 주생활과 관련된 아이템을 획득해 집을 완성하는 보드게임입니다. 집에 필요한 가구나 가전제품을 많이 모으는 사람이 승리합니다. 의식주와 관련하여 공부하며, 생활 자립 능력을 키울 수 있는 보드게임을 해봅시다.

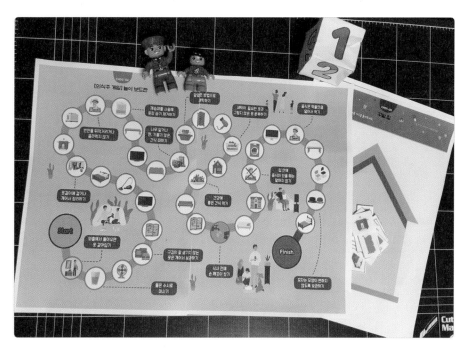

1 부록에 있는 [의식주 게임] 보드판과 숫자 주사위, 집, 가구/가전제품 카드를 오립니다. 숫자 주사위는 풀 또는 테이프로 입체 모양을 만들어 줍니다.

2 주사위를 던져 나온 수만큼 이동합니다. 도착한 곳에서 의생활 또는 식생활과 관련된 칸이면 내용을 읽습니다.

3 주생활과 관련된 가구/가전제품 카드가 있다면 해당 카드를 획득할 수 있습니다.

4 1라운드를 돌며 자신의 집에 더 많은 가구나 가전제품 카드를 모으는 사람이 승리합니다. 경우에 따라 2라운드 또는 3라운드까지 돌면서 획득한 카드의 총합으로 승리자를 결정할 수 있습니다.

옛날과 오늘날의 의식주

의식주에서 의란 인간이 살아가는데 기본이 되는 입는 옷과 관련된 것을 말합니다. 식은 먹는 음식과 관련된 것이며, 주는 생활하는 집과 관련된 것을 의미하지요. 옛날과 오늘날을 비교하면 의식주가 많이 달라졌음을 알 수 있습니다. 예를 들어 옛날에는 한복을 입었지만, 오늘날에는 양복이나 셔츠, 스커트 등 다양한 종류의 옷을 입습니다. 특히 옛날에는 신분이나 성별, 계절에 따라 입는 옷이 달랐습니다. 또한, 옛날에는 김치, 산나물 등 채소를 많이 먹었지만, 오늘날에는 채소뿐 아니라 다양한 음식을 먹습니다. 마찬가지로 옛날에는 초가집이나 기와집에서 살았지만, 오늘날에는 양옥이나 아파트에 사는 사람이 많습니다. 이렇게 많이 달라진 옛날과 오늘날의 의식주! 이번 보드게임이 오늘날의 의식주에 관한 것이니 여러분이 직접 옛날의 의식주로 게임을 만들어보면 어떨까요?

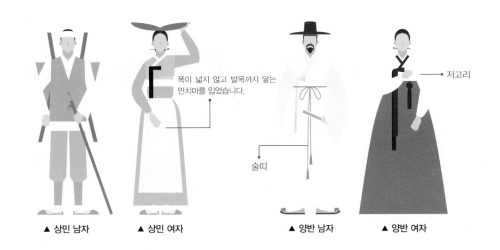

폭이 넓지 않고 발목까지 닿는 민치마를 입었습니다.

저고리

술띠

▲ 상민 남자　　▲ 상민 여자　　▲ 양반 남자　　▲ 양반 여자

옛날의 의생활 모습

옛날의 주생활 모습

Section 07 덕목 게임

주사위를 던져 나오는 수만큼 이동한 후 해당 덕목과 관련된 선행 경험을 이야기하고,
덕목 열매를 얻는 보드게임을 해봅시다.

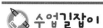

수업길잡이

난이도 ★★★☆☆
소요시간 20분 이상
놀이인원 2~4인용
준비물 [덕목 게임] 보드판, 말,
숫자 주사위, 열매판,
덕목 열매, 풀(테이프)

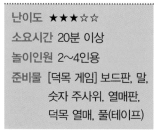

교과 놀이 보드를 준비해요!

놀이 목표 덕목 게임을 통해 정직, 책임, 신뢰, 사랑 등 덕목과 관련된 명언을 알고 자기 존중 및 관리 능력 키우기

놀이 약속 자신의 선행 경험에 대해 정직하게 말하기

학교에서 이렇게 배워요!

수업 활동 3학년 도덕 : 2단원. 인내하며 최선을 다하는 생활, 5학년 도덕 : 1단원. 바르고 떳떳하게

자기 관리 능력

주사위를 던져 덕목과 관련된 명언을 읽고, 비슷한 선행 경험을 이야기하면 덕목 열매를 얻게 되는 보드게임입니다. 총 덕목 열매의 수가 많거나 여러 가지 덕목 열매를 골고루 획득한 사람이 승리합니다. 덕목을 생활화하고, 자기 존중 및 관리 능력을 키울 수 있는 보드게임을 해봅시다.

1 부록에 있는 [덕목 게임] 보드판과 숫자 주사위, 열매판, 덕목 열매를 오립니다. 숫자 주사위는 풀 또는 테이프로 입체 모양을 만들어 줍니다.

2 주사위를 던져 나온 수만큼 이동합니다. 도착한 곳에서 덕목과 관련된 명언을 읽습니다. 읽고 나서 어떤 덕목과 관련된 명언인지 이야기합니다.

3 해당 덕목과 관련하여 자신이 실천했던 선행 경험을 이야기합니다. 바른 경험을 이야기 했다면 해당 덕목과 관련된 덕목 열매를 얻을 수 있습니다.

4 먼저 열매판을 완성했거나 더 많은 덕목 열매를 얻은 사람이 승리합니다. 동일한 개수의 덕목 열매를 가졌을 경우 여러 가지 덕목을 골고루 획득한 사람이 승리합니다.

덕목을 경매합니다?!

보드게임을 통해 덕목에 대해 공부하고 익힐 수도 있지만, 덕목 경매와 같은 놀이로 활동을 전개해도 좋습니다. 덕목 경매는 일종의 가치관 경매로서 경매라는 형식을 통해 자신이 중요하게 생각하는 가치의 덕목을 찾는 활동입니다. 놀이에 참여한 학생들은 제한된 재원을 가지고 자신이 소중하게 여기는 가치, 덕목을 경매로 구입해야 합니다. 그리고 경매 활동을 마친 후 자신이 산 덕목을 제시하고, 그 덕목을 산 이유가 무엇인지 이야기합니다. 자신이 소중하게 생각하는 덕목에 높은 가격을 책정할 수 있기 때문에 평소 자신의 생각이나 가치관에 대해 되돌아보고, 다른 친구들이 소중히 하는 가치관은 무엇이며 어떻게 다른지 생각해볼 수 있습니다.

Section 08

도형 나라

주사위를 던져 나오는 수만큼 이동하며 도착한 곳의 도형의 꼭짓점 수만큼 점수를 얻는
보드게임을 해봅시다.

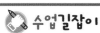 **수업길잡이**

난이도 ★★★★☆
소요시간 20분 이상
놀이인원 2~4인용
준비물 [도형 나라] 보드판,
　　　　숫자 주사위, 말,
　　　　도형 카드, 데이터
　　　　기록판, 풀(테이프)

교과 놀이 보드를 준비해요!

놀이 목표　도형 나라 보드게임을 통해 여러 가지 도형에 대해 알고, 도형의 성질이나 특징 추론하기
놀이 약속　점수 잘 계산하기

학교에서 이렇게 배워요!

수업 활동　4학년 수학 : 6단원. 다각형 – 다각형을 알아볼까요?

 **이 놀이는**

공간 지각 능력

여러 가지 도형에 대해 알고, 도형의 성질이나 특징을 추론해보는 보드게임입니다. 주사위를 던
져 도착한 곳에 있는 도형의 꼭지점의 수만큼 더해 더 많은 점수를 획득한 사람이 승리합니다.
여러 가지 도형에 대해 알아가며 수학의 재미도 느낄 수 있는 도형 나라 보드게임을 해봅시다.

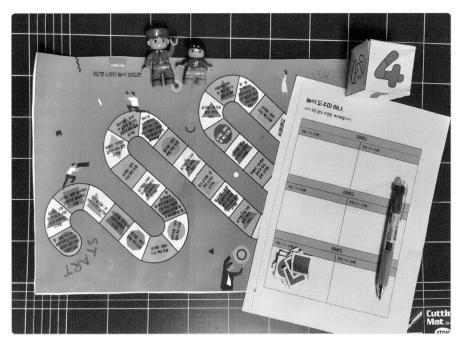

1 부록에 있는 [도형 나라] 보드판과 숫자 주사위, 도형 카드, 데이터 기록판을 오립니다. 숫자 주사위는 풀 또는 테이프로 입체 모양을 만들어 줍니다.

2 주사위를 던져 나온 수만큼 이동합니다.

3 도착한 곳에 있는 도형에 대한 이야기를 읽고, 해당 도형의 꼭지점의 수를 확인합니다. 부록에 있는 도형 카드를 오려 활용해도 좋습니다.

4 목적지까지 이동하며 자신이 얻게된 각 도형의 꼭지점 수를 합산합니다. 단, 원은 꼭지점이 없습니다.

5 라운드를 마친 후 점수의 총합이 큰 사람이 승리합니다.

재미있는 수학 놀이

수학은 학문적 위계가 확실하고, 학문 내 정보들 간 연계가 높은 학문입니다. 그래서 한 가지 원리를 이해하면 그다음 원리로 함께 이어져 어느 한 부분에서 막히면 그다음 내용도 이해하기가 어렵습니다. 그렇기 때문에 수학을 공부할 때에는 처음 배울 때 정확하게 이해하고 있는지가 중요합니다. 정확하게 이해하기 위해서는 내용이 아이들의 수준에 맞는 것이어야 하고, 그런 면에서 놀이를 통해 수학적 개념이나 원리를 배우는 것이 굉장히 중요합니다. 놀이를 통한 접근은 아이들의 학습에 대한 호기심과 동기를 촉발할 뿐 아니라 쉽게 개념이나 원리를 이해할 수 있도록 도와줍니다. 놀이를 하다 보면 억지로 외우지 않아도 자연스럽게 머릿속에 쏙쏙 들어오기 때문입니다. 여러 가지 도형의 개념과 성질이 나와 있는 도형 나라 보드게임처럼 놀면서 수학 공부를 해보면 어떨까요?

부록

책에 없는 부록자료가 필요하다면?

영진닷컴 홈페이지에서 다운로드 할 수 있어요!

❶ 영진닷컴 홈페이지(www.youngjin.com)에 접속합니다.

❷ [고객센터]를 클릭한 후 [부록CD다운로드] 게시판에 들어갑니다.

❸ '교과 보드게임'을 입력한 후 [검색] 버튼을 클릭합니다.

❹ 검색 목록에 나온 '교과 보드게임'의 [부록CD다운로드] 버튼을 클릭합니다.

❺ 자료를 다운로드 받은 후 프린트해서 사용하면 됩니다.

독도 골든벨 판

골든벨 문제

독도를 이루고 있는 섬은 ○○와 ○○, 그리고 89개의 부속도서로 이루어져 있다.	독도의 정식 영어 표기법을 적으시오.
독도는 대한민국 ○○○○○ 제 336호이다.	독도는 동해안에 날아드는 ○○들의 중간 기착지이다.
이 독도 캐릭터의 이름은 ○○○이다.	독도랑 캐릭터의 서도가 달고 있는 꽃은 ○○○이다.
독도의 날은 ○○월 ○○일이다.	독도강치는 일제 강점기에 ○○인들의 남획으로 인해 멸종되었다.
독도의 대표새는 ○○ 갈매기이다.	독도의 주소는 경상북도 울릉군 울릉읍 ○○리이다.

진실 혹은 거짓 O판

선을 따라 오려서 사용하세요.

진실 혹은 거짓 X판

선을 따라 오려서 사용하세요.

CH01-02

O, X 퀴즈

선을 따라 오려서 사용하세요.

게의 다리는 모두 10개이다.	열대 지방에 자라는 나무에는 나이테가 없다.
아라비아 숫자 1부터 100 사이에는 9라는 숫자가 모두 19개 들어 있다.	세계적으로 가장 많이 발생하는 병은 말라리아이다.
밀물과 썰물 현상은 하루 2번씩 일어난다.	사슴뿔은 매년 빠졌다 다시 난다.
열대어가 입을 맞추는 것은 애정의 표현이다.	백설공주에 나오는 일곱 난쟁이의 직업은 광부이다.
새는 뒤로도 날 수 있다.	위가 없이도 사람은 살 수 있다.

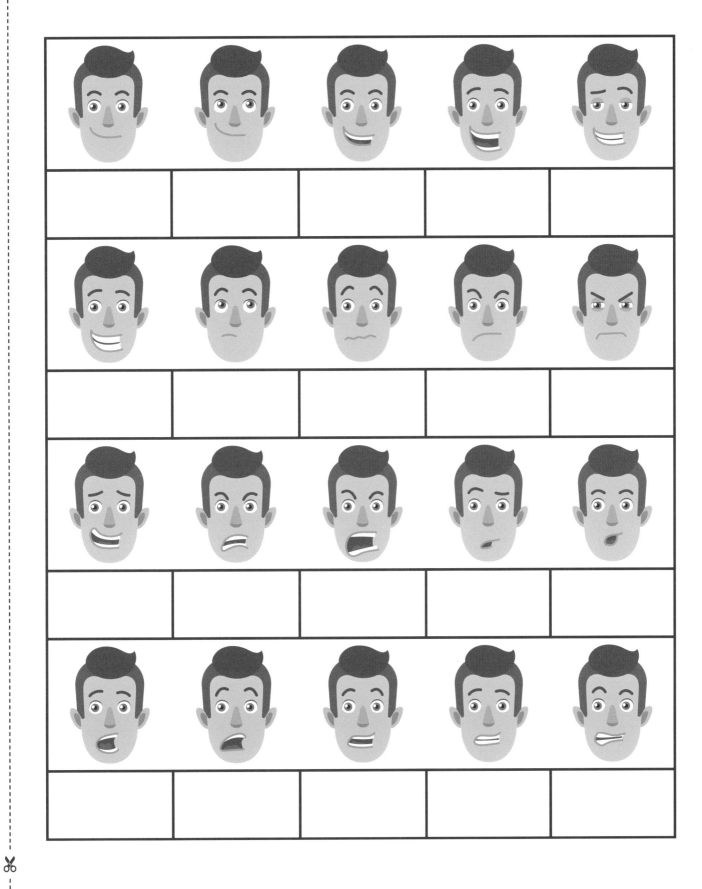

얼굴 표정

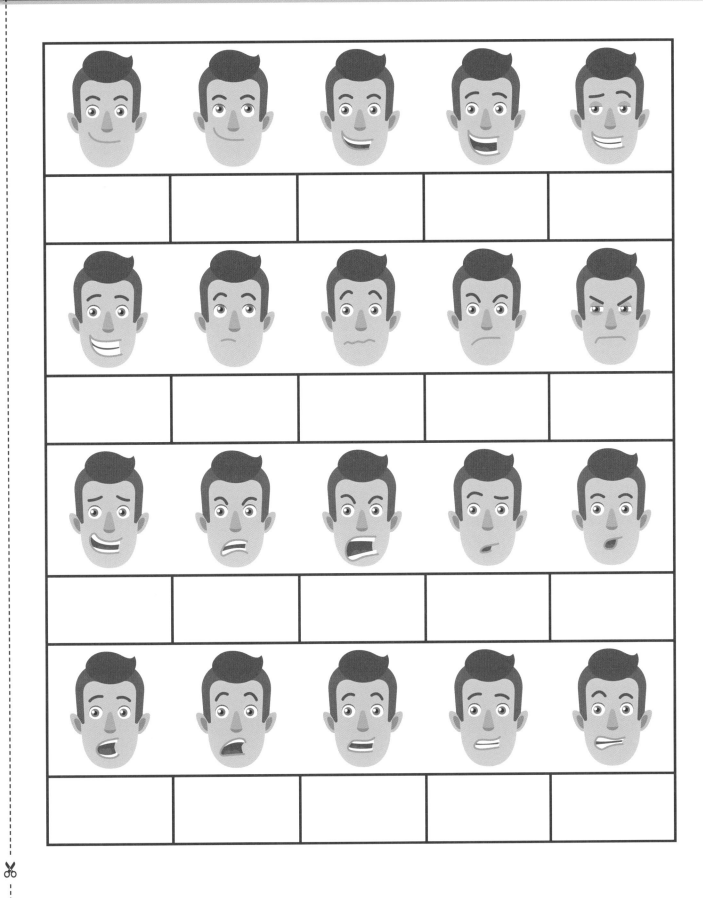

얼굴 표정 그리기

선을 따라 오려서 사용하세요.

사는 곳 땅에 사는 동물	사는 곳 땅과 물에 사는 동물	사는 곳 물에 사는 동물
먹이 종류 초식동물	먹이 종류 잡식동물	먹이 종류 육식동물
다리의 수 없는 것	다리의 수 2개	다리의 수 4개 이상

동물 카드

선을 따라 오려서 사용하세요.

호랑이	뱀
지렁이	기린
표범	여우
낙타	곰

선을 따라 오려서 사용하세요.

개구리	불가사리
상어	돌고래
금붕어	오징어
피라미	다슬기

동물 카드

선을 따라 오려서 사용하세요.

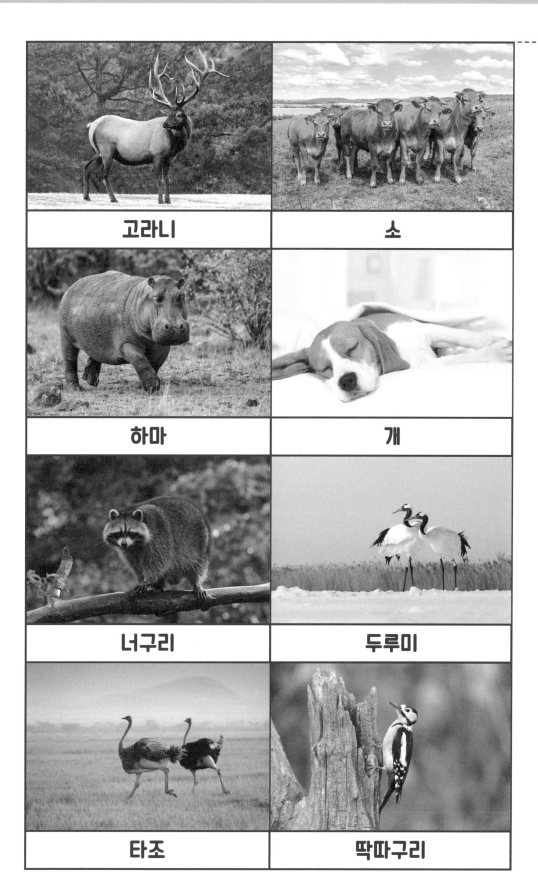

고라니	소
하마	개
너구리	두루미
타조	딱따구리

동물 카드

선을 따라 오려서 사용하세요.

닭	물개
악어	독수리
두더지	사마귀
매	달팽이

선을 따라 오려서 사용하세요.

가오리	갈매기
펭귄	왜가리
수달	무당벌레
파리	잠자리

더블 빙고판

선을 따라 오려서 사용하세요.

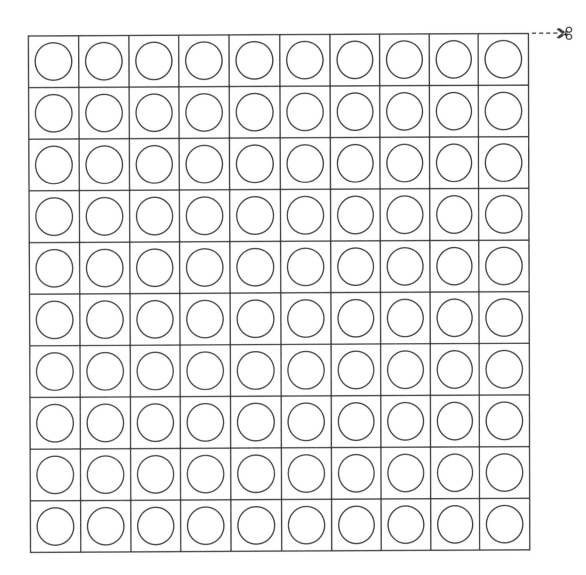

빙고칩

선을 따라 오려서 사용하세요.

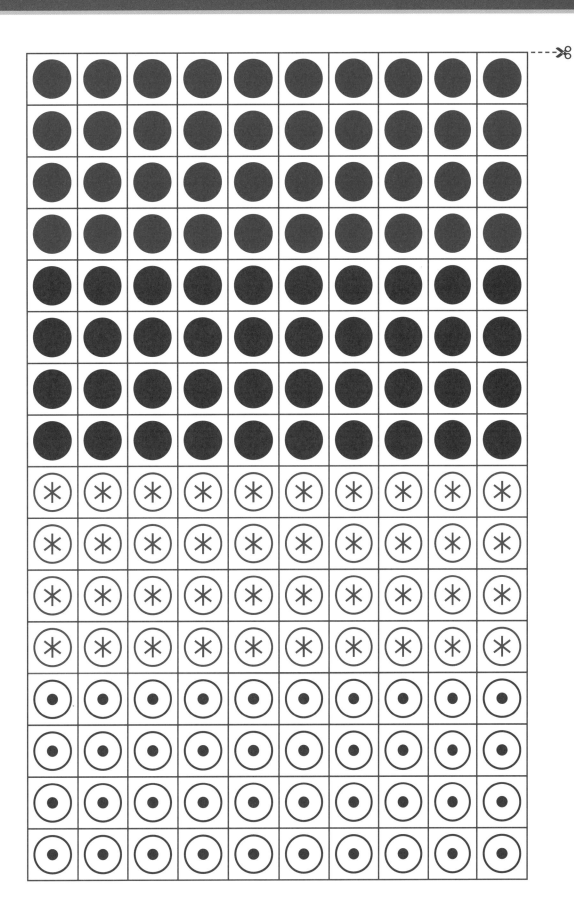

숫자 주사위

선을 따라 오려서 사용하세요.

풀칠하는 곳

풀칠하는 곳

풀칠하는 곳

풀칠하는 곳

풀칠하는 곳

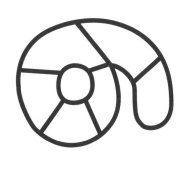

풀칠하는 곳

풀칠하는 곳

동물 붙임 딱지

선을 따라 오려서 사용하세요.

선을 따라 오려서 사용하세요.

동물 정보 기록판 🪐

내가 알게 된 동물의 이름과 특징을 기록해봅시다.

다음 기준에 맞춰 보드판 위에 있는 동물을 붙임 딱지를 이용해 분류하고, 내가 알고 있는 동물의 이름도 적어봅시다.

땅에 사는 동물	
물에 사는 동물	
하늘을 나는 동물	

동물 정보 기록판 🪐

다음 기준에 맞춰 보드판 위에 있는 동물을 붙임 딱지를 이용해 분류하고, 내가 알고 있는 동물의 이름도 적어봅시다.

추운 곳에 사는 동물	
육식동물	
초식동물	
잡식동물	
내가 정한 기준 ( )	

숫자 주사위

선을 따라 오려서 사용하세요.

풀칠하는 곳

풀칠하는 곳

풀칠하는 곳

곳 는하칠풀

곳 는하칠풀

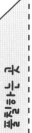

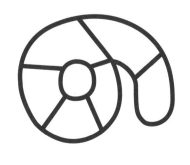

곳 는하칠풀

곳 는하칠풀

식물 붙임 딱지

선을 따라 오려서 사용하세요.

식물 붙임 딱지

선을 따라 오려서 사용하세요.

내가 알게 된 식물의 이름과 특징을 기록해봅시다.

조건에 해당하는 식물을 찾아 붙임 딱지를 이용해 붙여봅시다. 알맞은 식물을 찾을 때마다 보석을 하나씩 획득합니다.

공기 정화식물	
꽃을 피우는 식물(속씨식물)	

식물 정보 기록판 🪐

봄을 대표하는 식물	

아래 예시처럼 검색한 꽃 중 꽃말이 있는 식물을 찾아 붙임 딱지를 붙이고, 꽃말을 적어봅시다.

	사랑, 욕망, 절정, 기쁨, 아름다움				

내가 획득한 보석을 붙여봅시다.

숫자 주사위

풀칠하는 곳

풀칠하는 곳

풀칠하는 곳

풀칠하는 곳

풀칠하는 곳

풀칠하는 곳

풀칠하는 곳

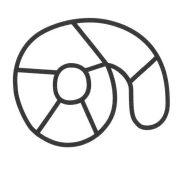

점수 타일

선을 따라 오려서 사용하세요.

1	1	1	1	1	1	1	1	1	1	1
1	1	1	1	1	1	1	1	1	1	1
2	2	2	2	2	2	2	2	2	2	2
2	2	2	2	2	3	3	3	3	3	3
1	1	1	1	1	1	1	1	1	1	1
1	1	1	1	1	1	1	1	1	1	1
2	2	2	2	2	2	2	2	2	2	2
2	2	2	2	2	3	3	3	3	3	3
1	1	1	1	1	1	1	1	1	1	1
1	1	1	1	1	1	1	1	1	1	1
2	2	2	2	2	2	2	2	2	2	2
2	2	2	2	2	3	3	3	3	3	3
1	1	1	1	1	1	1	1	1	1	1
1	1	1	1	1	1	1	1	1	1	1
2	2	2	2	2	2	2	2	2	2	2
2	2	2	2	2	3	3	3	3	3	3

데이터 기록판

점수 타일을 계산해봅시다.

1라운드	
게임 선수 이름 :	게임 선수 이름 :

2라운드	
게임 선수 이름 :	게임 선수 이름 :

3라운드	
게임 선수 이름 :	게임 선수 이름 :

마패 주사위

풀칠하는 곳

풀칠하는 곳

풀칠하는 곳

풀칠하는 곳

풀칠하는 곳

풀칠하는 곳

마패

선을 따라 오려서 사용하세요.

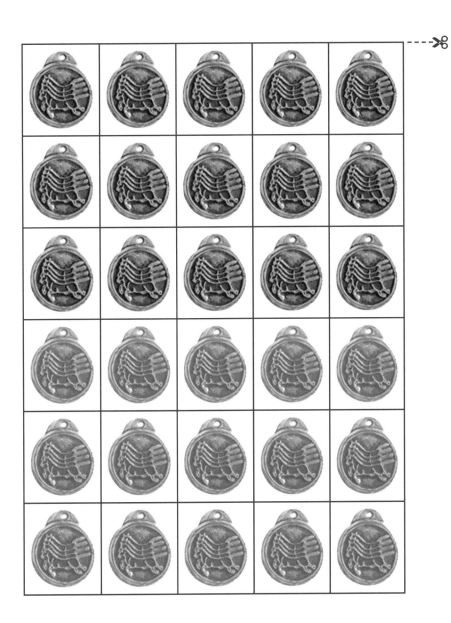

마패

선을 따라 오려서 사용하세요.

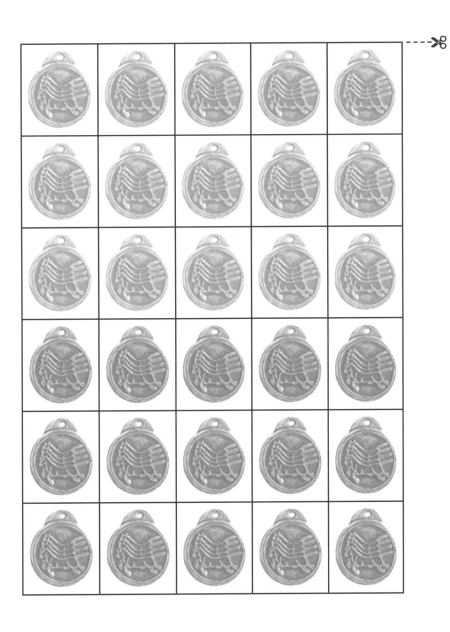

CHO2-05

특수 주사위

선을 따라 오려서 사용하세요.

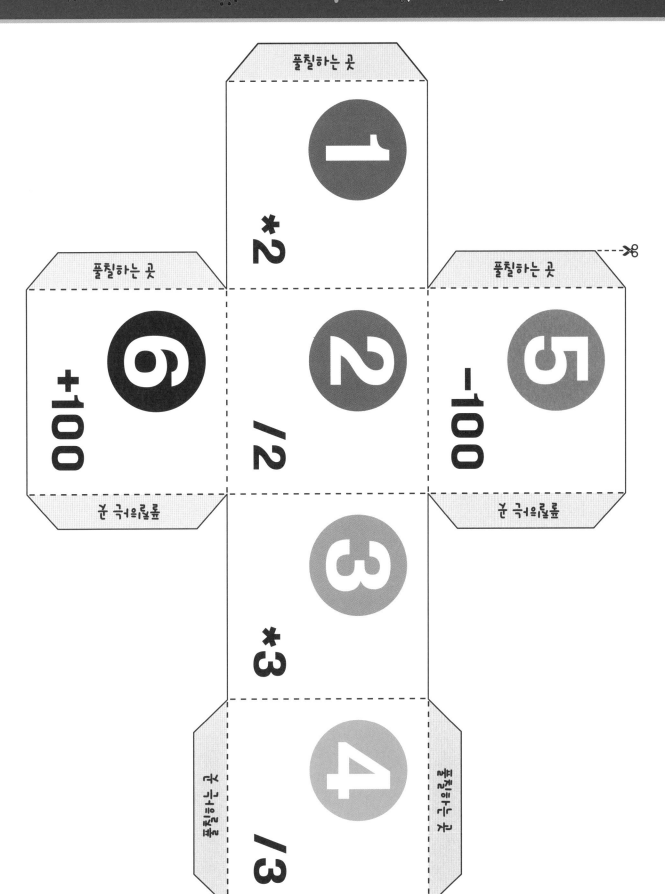

데이터 기록판

음식 칼로리를 계산해봅시다.

1라운드	
게임 선수 이름 :	게임 선수 이름 :

2라운드	
게임 선수 이름 :	게임 선수 이름 :

3라운드	
게임 선수 이름 :	게임 선수 이름 :

놀이를 통해 알게 된 개념을 정리해봅시다.

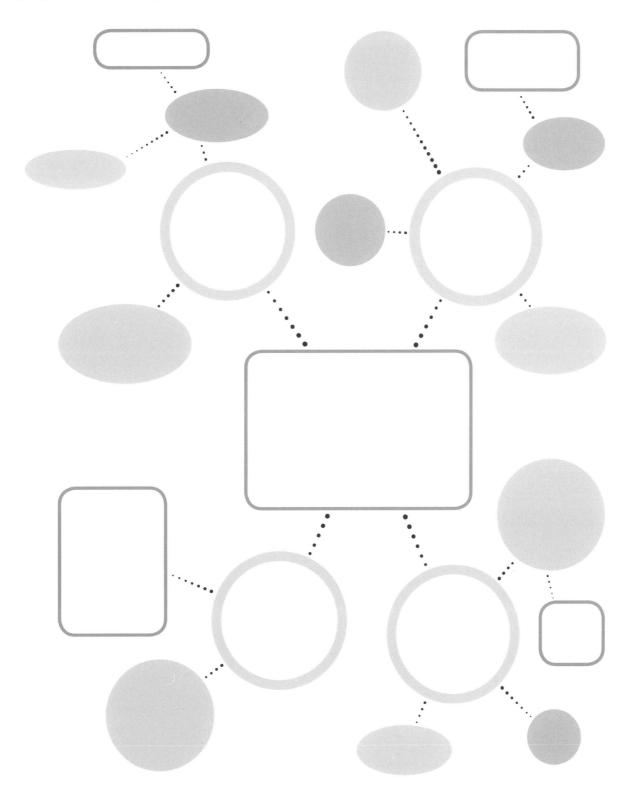

숫자 주사위

선을 따라 오려서 사용하세요.

풀칠하는 곳

풀칠하는 곳

룸러로 하는 곳

룸러로 하는 곳

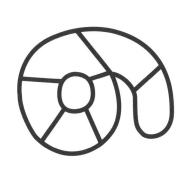

집

집

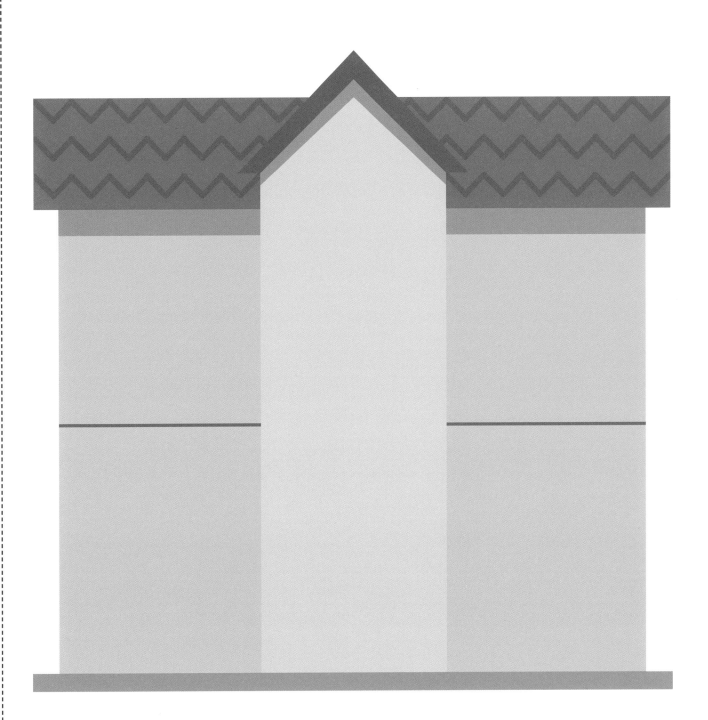

가구/가전제품 카드

선을 따라 오려서 사용하세요.

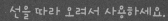
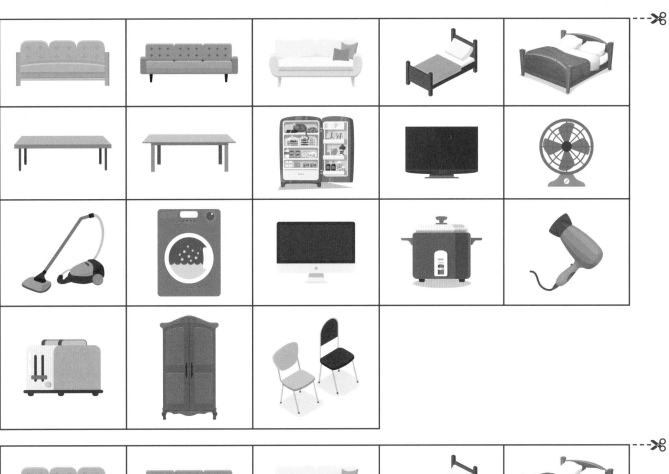

가구/가전제품 카드

선을 따라 오려서 사용하세요.

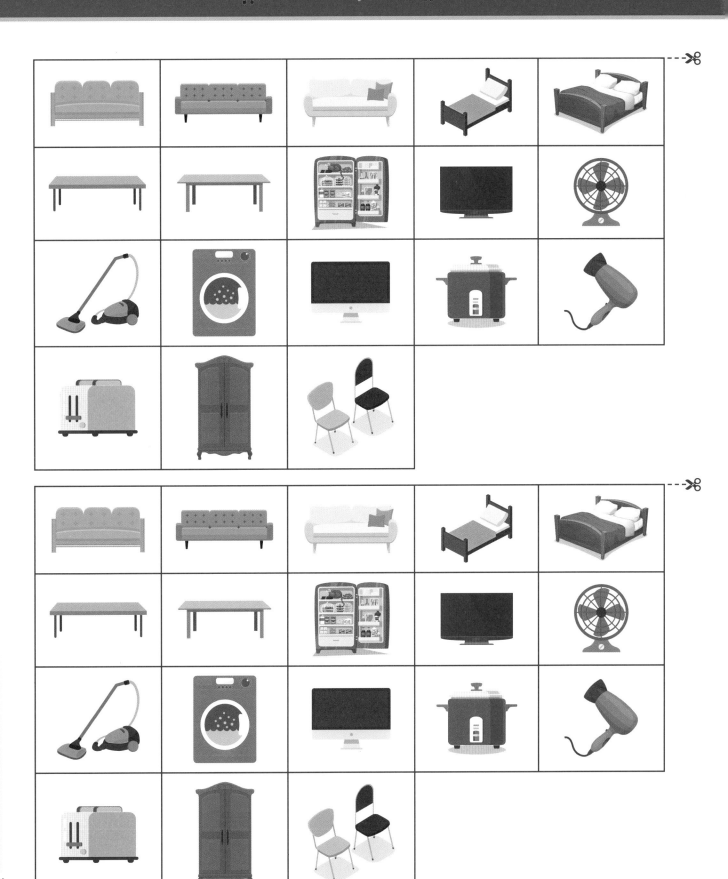

숫자 주사위

선을 따라 오려서 사용하세요.

풀칠하는 곳

풀칠하는 곳

풀칠하는 곳

풀칠하는 곳

풀칠하는 곳

풀칠하는 곳

풀칠하는 곳

열매판

열매판

덕목 열매

선을 따라 오려서 사용하세요.

정직	정직	정직	정직	정직
겸손	겸손	겸손	겸손	겸손
믿음	믿음	믿음	믿음	믿음
책임	책임	책임	책임	책임
정직	정직	정직	정직	정직
겸손	겸손	겸손	겸손	겸손
믿음	믿음	믿음	믿음	믿음
책임	책임	책임	책임	책임

덕목 열매

선을 따라 오려서 사용하세요.

정직 정직 정직 정직 정직 ✂

겸손 겸손 겸손 겸손 겸손

믿음 믿음 믿음 믿음 믿음

책임 책임 책임 책임 책임

정직 정직 정직 정직 정직 ✂

겸손 겸손 겸손 겸손 겸손

믿음 믿음 믿음 믿음 믿음

책임 책임 책임 책임 책임

선을 따라 오려서 사용하세요.

도형 카드

선을 따라 오려서 사용하세요.

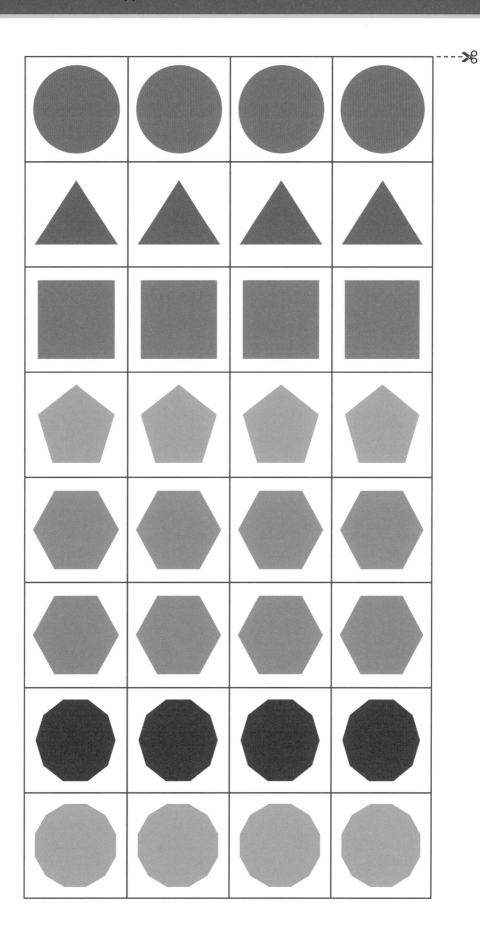

도형 카드

선을 따라 오려서 사용하세요.

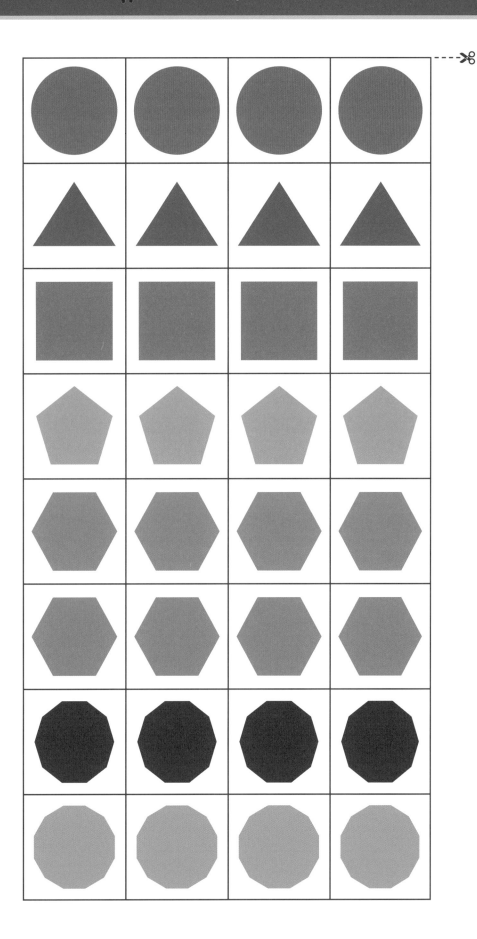

데이터 기록판 🪐

도형의 꼭지점 수를 계산해봅시다.

1라운드	
게임 선수 이름 :	게임 선수 이름 :

2라운드	
게임 선수 이름 :	게임 선수 이름 :

3라운드	
게임 선수 이름 :	게임 선수 이름 :